T0161695

Monique Castillo est professeur à l'Université Paris-Est.

Philippe Herzog est professeur émérite à l'Université Paris-X, économiste, homme politique, ancien député européen et Président fondateur de Confrontations Europe.

FAIRE RENAISSANCE

DANS LA MÊME COLLECTION

BARBARAS R., *La perception. Essai sur le sensible*, 120 pages, 2009.

BENOIST J., *Éléments de philosophie réaliste*, 180 pages, 2011.

BINOCHE B., *Opinion privée, religion publique*, 240 pages, 2011.

CHAUVIER S., *Éthique sans visage*, 240 pages, 2013.

FISCHBACH F., *Philosophies de Marx*, 208 pages, 2015.

GODDARD J.-Ch., *Violence et subjectivité. Derrida, Deleuze, Maldiney*, 180 pages, 2008.

KERVÉGAN J.-Fr., *La raison des normes. Essai sur Kant*, 192 pages, 2015.

LAUGIER S., *Wittgenstein. Les sens de l'usage*, 360 pages, 2009.

POUIVET R., *Après Wittgenstein, saint Thomas ?*, 180 pages, 2014.

MOMENTS PHILOSOPHIQUES

Monique CASTILLO

FAIRE RENAISSANCE
UNE ÉTHIQUE PUBLIQUE POUR DEMAIN

Préface de Philippe Herzog

PARIS
LIBRAIRIE PHILOSOPHIQUE J. VRIN
6 place de la Sorbonne, V e
2016

© *Librairie Philosophique J. VRIN*, 2016
Imprimé en France
ISSN 1968-1178
ISBN 978-2-7116-2676-2
www.vrin.fr

PRÉFACE

Monique Castillo offre un beau livre stimulant pour élaborer une nouvelle éthique publique. Elle trace son chemin dans le sillage d'une longue tradition européenne en vue de la ressourcer. L'essence de la philosophie, disait Patočka, relayant les philosophes grecs, c'est le souci de l'âme. Platon le premier identifiait un triple impératif : l'individu doit vivre une vie juste en harmonie avec lui-même et la société; l'espace public doit être organisé dans un État fondé sur un idéal unitaire pour le bien commun; et nous devons nous doter d'une vision du monde dont nous puissions rendre raison.

La religion, la philosophie, la science ont toutes voulu prendre soin de l'âme, dans des contextes socio-historiques toujours renouvelés face à de nouveaux défis. Aujourd'hui il y a à nouveau grand besoin d'une renaissance de l'esprit européen, car le monde et la technique connaissent de formidables mutations. Les Européens sont bouleversés par l'épreuve de l'altérité dans le contexte de la mondialisation. Obligés de s'adapter, beaucoup ont surtout le souci de protéger ce qu'ils ont acquis et de défendre l'identité qu'ils s'étaient donnée.

Mais une révolution anthropologique et culturelle est en gestation, et il faut s'interroger sur les processus d'humanisation dans cette sorte de « modernité tardive » qui est la nôtre ; ce n'est déjà plus celle des Lumières. Monique Castillo explore cette formidable mutation qu'est le processus d'individuation, c'est-à-dire d'affirmation de sa valeur propre par chaque individu. Elle interroge à cet égard la qualité des « politiques » produites dans nos espaces publics étriqués, bouleversés par la pluralité, et où la puissance de symboles rivaux égare plus qu'elle ne sert. Face à une crise morale et politique avérée, les ressources de la création sont plus que jamais nécessaires pour imaginer une nouvelle éthique publique.

Ceci est en résonance avec mes propres réflexions et, comme Monique, je souhaite que notre dialogue s'inscrive dans un plus large échange collectif.

Je reviens sur l'histoire. La philosophie moderne de l'émancipation de l'homme par la raison est ébranlée par le vécu des réalités violentes et par les assauts des intellectuels dé-constructeurs. Le message chrétien était que l'homme a été conçu par Dieu à son image, capable de vaincre le mal et de vivre selon le bien par l'amour. Ensuite les Lumières l'ont érigé en maître et possesseur de la nature et ont voulu en faire un sujet conscient de la puissance de sa pensée, choisissant de vivre dans le respect de la loi d'une République reposant sur un contrat social. Mais la volonté de puissance s'est retournée contre la raison critique, et l'État républicain a failli dans des rivalités guerrières. En même temps le processus d'individuation s'est développé dans le cadre du développement du capitalisme axé sur la consommation de masse. La question sociale s'est alors concentrée sur l'individu, lequel demande de la collectivité qu'elle réponde à ses désirs et le protège. Et il veut être reconnu comme une valeur, aspiration justifiée, mais encore faudrait-il que chacun reconnaisse la valeur de l'autre, et que le sujet individuel puisse mieux se construire en autonomie et en dignité, parce qu'il contribuerait lui-même à porter cette valeur commune à tous qu'est l'humanité.

Dans ce contexte, les « *politiques de l'individu* » manquent singulièrement à leur devoir : elles ne font pas appel au développement des ressources spirituelles. Après « Charlie », le gouvernement français veut rappeler l'exemplarité de la République mais comme, Jürgen Habermas, j'observe que le rappel incantatoire à ses valeurs sonne de plus en plus creux.

L'école est un foyer majeur de préoccupation parce que l'âme s'y perd. Je partage à fond l'observation de Monique pour qui « parents et enseignants ont cru en toute bonne foi qu'il convenait de valoriser la singularité de l'enfant pour encourager son autonomie ». On a couronné l'Enfant-Roi, mais cela ne marche pas quand celui-ci « ne sait incarner qu'un seul rôle : le sien ». Prisonnier de désirs mimétiques dans le monde de l'adulte, son règne est tyrannique, et l'enfant est incité à se construire en narcisse quand parents et organisations sociales ne le préparent pas à la lourde tâche d'assumer un monde dont le sens échappe. D'autre part, l'égalisation des conditions prônée comme une valeur publique centrale est contredite par la réalité croissante des échecs, des exclusions et des inégalités. L'égalité devant la loi et l'assistance ne sauraient suffire, et le cadre de la vie sociale et politique tend à isoler plus qu'à rapprocher. Il manque la capacité d'une relation construite avec autrui en participant au bien commun, sans laquelle il n'y a pas d'estime de soi.

Et le sentiment de ce qui est juste se perd quand le droit est constamment convoqué pour répondre à la singularité des demandes. Les politiques sociales se concentrent sur l'individualisation, non sur la socialisation, au point que, dans l'État-providence, « *le social remplace le politique* ». Loin de contribuer à plus de légitimité de l'État, cela le mine et le conduit à sa chute. On est très loin aujourd'hui de fonder une autonomie véritable de l'individu et de l'orienter vers un engagement collectif.

Monique rappelle que pour Platon la justice est une harmonie, non au service de l'intérêt d'un groupe, et déclare que *L'autonomie doit redevenir un projet révolutionnaire.* Je étant un Autre, l'individu doit pouvoir vivre l'épreuve de l'altérité en prenant souci de la responsabilité d'autrui. C'est à cette révolution d'éthique qu'Emmanuel Levinas a appelé. Sous nos yeux se multiplient des initiatives individuelles ou de groupes capables de reconnaître autrui et d'en prendre soin. Mais nous ressentons leurs limites d'autant plus que la formidable pluralité du monde porte le souci à une autre échelle.

Les politiques du pluralisme (deuxième chapitre du livre de Monique Castillo) ne peuvent nourrir un nouvel universalisme que si des conceptions morales suffisamment partagées permettent de co-construire un bien commun. Or nos efforts pour construire une telle éthique sont oblitérés par l'omniprésence des images et des idées qui cultivent le relativisme et le communautarisme, elles divisent plus qu'elles n'unissent. Quand chacun campe dans ses raisons, dans ses préférences culturelles, on ne peut pas faire société.

Certes la situation est profondément ambivalente : si chaque individu s'identifie à ce qu'il croit, il se tourne aussi vers autrui avec les moyens dont il dispose. Au lieu de l'inciter à une introspection critique accentuée, de façon à mieux construire ses relations en valorisant l'unité du corps social, les politiques du pluralisme vont à l'encontre. Avec l'individualisation des droits de l'homme, le droit n'est plus commun (donc lié aussi à un devoir), c'est un dû. Le règne de la communication impose aussi la privatisation du politique car il suscite la réceptivité affective et l'immédiateté, qui est sans cesse renouvelée, faisant obstacle au temps de la réflexion et de l'engagement.

La valeur n'est plus saisie comme ce qui unit, mais comme ce qui distingue. Les « sensibilités », les groupes, les cultures nationales, accaparent l'espace public en cultivant la susceptibilité identitaire. Dans le débat public, ce n'est pas l'argumentation qui compte, parce que l'enjeu n'est plus la vérité, mais la rivalité. Les simulacres de dialogue se multiplient. Dans la dimension internationale des conflits, ceci conduit à une *guerre des cultures* ; les autorités cherchent à le nier par souci d'apaiser peut-être, mais aussi par lâcheté ou incapacité à rendre la conflictualité constructive. De tels manquements nourrissent ce que Monique désigne comme une « guerre des dé-culturations » !

Je veux particulièrement souligner le manque d'une éducation européenne, d'un système d'information européenne et d'un espace commun de communication. Nous souffrons cruellement de cette carence, de cette faillite de transmission, et j'ai voulu réagir en écrivant un petit essai « *Identité et valeurs : quel combat, imaginaire d'une renaissance culturelle* ».

Les Européens sont devenus pacifistes en faisant l'expérience des conséquences de leur propre barbarie ; aujourd'hui face à la pluralité conflictuelle du monde ils cherchent des compromis. Ils font alors du pluralisme « la nouvelle pensée unique du bien ». Et la tolérance est un devoir au point d'être érigée en morale d'État. Mais tolérer ce n'est pas encore connaître ni unir, c'est un compromis défensif qui ne résiste pas à l'épreuve des conflits. Je suis particulièrement sensible à la dilution des notions de bien et de mal qui est associée à la généralisation et à l'indifférenciation actuelles de la notion de victime. Chaque individu tend à se voir comme une victime parce que sa valeur n'est pas reconnue, ou quand son droit affirmé ne reçoit pas de réponse. Cela fait le lit d'une véritable concurrence pour la reconnaissance du statut de première victime : « je le suis plus que l'autre, et l'autre ne veut pas le savoir » ! Quand la différence des situations est masquée, quand la hiérarchie des responsabilités disparait, la diversité des représentations s'affronte. René Girard a su diagnostiquer l'indifférenciation des identités comme une source fondamentale de montée des conflits aux extrêmes, signe et cause de crises majeures de société. Dans la guerre contemporaine des symboles, une fois de plus c'est l'autre qui est l'agresseur.

Et quand les valeurs ne sont plus que des identités manipulables parce que sans culture humaniste, la lutte à mort devient pour les terroristes le moyen de valoriser le pire et de prouver leur puissance d'unir face à la perception d'une décomposition morale de l'Occident.

Quand la religion n'est plus créatrice de culture, quand les Lumières l'ont réduite à la morale (pour mieux la combattre), mais n'ont pas réussi à la remplacer par une morale publique basée exclusivement sur la raison, « *l'humanisme a été réduit à un minimalisme* ». Le chemin de la liberté et de la fraternité s'interrompt quand l'humanisme n'est plus à la hauteur de l'idée de Pascal pour qui « *l'homme passe infiniment l'homme* ».

La violence du sacré resurgit sous des formes archaïques – qu'il s'agisse de l'Islam ou de la Nation. Et Monique Castillo d'appeler, dans le sillage de Kant, à « *la responsabilité d'un sens commun de la pluralité culturelle du monde* ».

Mais d'où viennent les ressorts humains pour accomplir une tâche d'une telle hauteur? L'auteur interroge *les politiques de la création*. En effet il n'y aura pas d'avenir sans réveil de la créativité, et d'ailleurs l'innovation est valorisée dans tous les domaines. Mais elle reste dépourvue de but faute d'une nouvelle culture publique du progrès humain.

La modernité a été une religion du progrès, lequel pour Monique Castillo a été dévoyé en « productivisme ». Pour ma part, je suis très réservé sur cette notion. Elle est souvent utilisée pour masquer la valeur de la production, donc sa nécessité elle-même, et par là aussi pour relativiser celle du travail. Je dirais donc les choses autrement : on a perdu le sens du travail et de la production, et une certaine culture de la productivité est en cause : celle qui l'a identifiée avec le remplacement des hommes par des machines. Une autre culture de productivité se cherche, celle de la mise en mouvement des capacités humaines pour une meilleure utilisation des ressources naturelles et des outils matériels et techniques que les hommes ont eux-mêmes produits. Il faut renouveler l'œuvre de Simone Weil qui en son temps dénonçait l'échec de la civilisation du travail et rencontrait des entrepreneurs pour imaginer une autre organisation du travail. Le travail est une dimension essentielle de la dignité de l'homme et pourtant sa reconnaissance individuelle et collective est cruellement négligée aujourd'hui.

Combattre le réchauffement climatique et ses impacts catastrophiques et réparer la planète que nous avons abîmée est un impératif, mais il faut aussi sauver et réparer l'homme. L'un ne va pas sans l'autre. Et si l'impératif écologique est une nouvelle figure majeure du progrès, il ne doit pas s'abîmer dans la régression du produire. Produire plus et mieux est vital pour que des milliards d'hommes puissent sortir de la pauvreté et ne pas sombrer dans la détresse, et nécessaire aussi pour bâtir une économie et des espaces communs qui respectent l'environnement. L'innovation sociale et économique est donc indispensable pour renouveler la culture de productivité, créer et partager autrement des ressources. Dépassant le consumérisme individualiste, il est urgent de construire des biens publics régionaux et mondiaux accessibles à tous, pour le bien commun de l'humanité.

L'innovation est indissociablement une culture et une organisation. Aujourd'hui le défi est de bâtir des coopérations, des communautés humaines logées dans des écosystèmes qui créent de la valeur en reliant la recherche au développement, à la formation, à la production et à la consommation individuelle et collective. Créateurs et producteurs ont une place dans ces chaînes où ils peuvent saisir l'opportunité de se construire dans une relation active avec autrui. La « technique » est en réalité un espace, une interface construite par l'homme et habitée par lui pour transformer la nature de façon à répondre à ses besoins. Cet espace peut être un carcan qui impose un déterminisme déshumanisant, dégrade l'environnement et peut engendrer des catastrophes mais aussi, à l'inverse, un espoir et un cadre de valorisation de l'humain. Le défi de l'innovation appelle alors de profondes mutations de l'entreprise et du capitalisme. Dans cet esprit, notre souci devrait être la formation d'une culture de responsabilité et de solidarité ancrée dans des coopérations créatives et productives, partagée avec les consommateurs eux-mêmes.

Monique Castillo offre de belles réflexions sur le numérique, à la fois source d'aliénation et source de création. Chaque individu dispose d'outils lui permettant de devenir un créateur et un informateur : c'est un potentiel formidable de progrès d'humanité. Mais à l'inverse ceci peut « *accentuer l'inachèvement propre à l'humanité* », si la réalité n'est plus que virtuelle et décomposée dans les manières de voir. Une alliance du savoir et de la croyance doit se nouer au cœur même de l'individu, mis au défi de contribuer à la recherche de la vérité, en faisant advenir un collectif dont il soit co-responsable pour mieux pouvoir se construire lui-même.

S'interrogeant sur la charge que cela peut signifier et observant que l'individu ne peut être responsable de toute la pluralité du monde, Emmanuel Levinas soulignait le rôle crucial de l'État et des institutions internationales pour partager les responsabilités et coopérer. Mais les États sont rivaux dans la compétition internationale et leur coopération est des plus difficiles. Ces réalités sont des obstacles majeurs à l'autonomie comme à l'unité de la société : incarnée dans l'État-nation, celle-ci se désagrège. L'État n'est plus porteur de l'idée de progrès. Pour autant, il se sent obligé de reproduire cette croyance et d'encadrer l'intelligence, sauf à être complètement délégitimé. On le voit ainsi abuser de la commémoration d'un passé mystifié et vouloir réduire la morale publique aux valeurs républicaines d'hier. En ce sens le public est devenu la cible d'une communication omniprésente conçue en une alliance étroite entre les professionnels de la politique et les « communicants ». Le pouvoir espère tirer de la spontanéité et de l'émotion des gens une crédibilité sociale qui puisse concourir à sa légitimation, mais fort heureusement le public résiste. A défaut de pouvoir participer à construire l'espace politique, il développe ses contre-pouvoirs. Nous ne sommes pas restés à l'époque de Guy Debord qui mettait en évidence une « société du spectacle », nous sommes maintenant à l'ère de la « démocratie du contrôle », positive par certains aspects mais singulièrement négative par d'autres quand elle verse dans la radicalité violente et ne fait que sanctionner.

A propos de cadrage cognitif, je suis en plein accord avec Monique Castillo quand elle dénonce des contenus scolaires portant « *la menace de faire de l'inculture généralisée un programme assumé de démocratie scolaire* ». Pourtant la critique de ces contenus et de la coupure entre l'école et la vie n'est pas centrale dans la compréhension qu'a la société des échecs individuels et de la crise de l'éducation. Tout ceci concourt à dévitaliser la démocratie, une démocratie où « *les prises de partis n'expriment plus que des partis pris, au sens d'opinions politiques privées* », encore une dimension essentielle de la privatisation de la politique.

Le livre de Monique Castillo s'achève sur l'espérance que la critique de soi redevienne une source créatrice de culture démocratique ; et que chacun puisse participer à une recréation collective du sens : ce serait la voie d'une démocratie « instruite » et « réflexive ». Dans cette perspective, son livre est toujours soucieux des ambivalences du processus d'individuation, qui d'un côté pousse l'homme vers l'individualisation mais, de l'autre, est un potentiel de progrès d'humanité. Et le livre met bien en évidence la dimension symbolique des défis politiques en même temps que le besoin d'une éthique publique de l'avenir. Ceci devra aller de pair avec de nouveaux engagements pour une reconstruction institutionnelle et de nouveaux cadres démocratiques.

Restant sur le terrain choisi par Monique Castillo, je souhaite encore prolonger la réflexion pour « faire renaissance » en posant la question de la transcendance. Depuis longtemps je m'interroge sur la capacité des hommes à dépasser les limites dans lesquelles ils se sont enfermés. Dans des moments critiques, dans des situations dramatiques comparables à celles d'aujourd'hui, ils ont prouvé disposer de cette capacité. Transcendance et transgression des limites sont allées de pair avec le christianisme qui a inventé une éthique non violente au-delà de la loi juive face à la violence de l'ordre romain ; avec les Lumières qui ont forgé une démocratie nouvelle pour que le peuple puisse s'extraire de l'ordre féodal et de l'obscurantisme ; avec Marx qui a engagé à combattre un capitalisme exploiteur pour ouvrir une nouvelle étape de l'émancipation. La transcendance n'est pas pour autant l'apanage de doctrines, elle repose sur de profonds ressorts spirituels. Elle s'est manifestée aussi après la deuxième guerre mondiale pour réussir à faire surgir une Communauté européenne dépassant les folies nationales, retrouvant l'âme de l'Europe dont la vocation est l'unité. Mais toute cette longue marche est inachevée.

J'aimerais donc compléter le dialogue sur l'œuvre de Monique Castillo en interrogeant sur les *politiques de transcendance*, en résonance avec le chapitre ainsi intitulé du livre de l'anthropologue Harald Wypra, « Politics and the Sacred ».

La mondialisation autant que la révolution informationnelle bouleversent le processus d'individuation des Européens qu'analyse Monique Castillo, en donnant une intensité dramatique au problème de l'unité dans la diversité étendue à l'échelle planétaire. Ou bien la co-construction d'une nouvelle espérance pour un nouveau départ du progrès, ou bien la déculturation et la décomposition gagnent. Pour l'Europe, la comparaison avec la chute de l'Empire romain s'impose. Il a fallu alors plusieurs siècles avant de faire éclore une « renaissance »; aujourd'hui le temps nous est compté parce que face aux défis du monde actuel nos États et nos sociétés se disloquent.

La transcendance, ce potentiel de progrès spirituel de l'homme, ne peut gagner qu'en dépassant les fractures identitaires causées par les représentations anciennes et les disciplines des pouvoirs en place. En ce sens Wydra a raison : décréter la mort du Sacré, ce serait aussi nier l'exigence de renouveau d'une culture spirituelle partagée et vécue comme un progrès d'humanité. Dans le passé le pouvoir politique a toujours voulu prendre appui sur le sacré, pour le pire et le meilleur; aujourd'hui il n'en porte ni la parole ni l'esprit. Or sans faire appel à la spiritualité, il n'est plus de politique qui unisse. Hier, le pouvoir a bâti son autorité en se servant de la religion et de la nation comme de béquilles, aujourd'hui il en est réduit à la commémoration tout en prétendant laisser son autorité intacte. La souveraineté de l'État se veut en coïncidence avec l'auto-détermination du peuple, mais il n'en est rien. Le peuple est une fiction quand il ne peut construire son avenir dans une démocratie représentative en crise aigüe. La souveraineté se veut nationale alors que la nation est une réalité contingente ; fondée sur la priorité aux citoyens nationaux, elle a justifié le pouvoir de tuer autrui, et même si aujourd'hui notre culture est pacifique, elle exclut et elle fait blocage à l'unité de l'Europe et à sa contribution à un universalisme partagé.

Le décentrement du regard des Européens vers la reconnaissance d'autrui dans le monde est impératif pour dépasser nos limites et redevenir capables de création éthique et d'imaginaire du futur. Un nouveau sens du sacré est requis : ce n'est pas l'État, et c'est plus que les droits de l'homme, c'est l'humanité aimée comme notre bien commun (en résonance avec la « terre-patrie » de l'écologie humaniste d'un Edgar Morin). La co-construction des sujets humains n'est possible que s'ils trouvent la possibilité de multiplier leurs solidarités actives d'intérêt mutuel, dépassant les carcans institutionnels et les droits exclusifs, et en partageant un principe de justice selon lequel chacun doit pouvoir s'insérer en société et interagir pour partager des biens communs.

De grandes vagues spirituelles permettront d'inventer de nouvelles figures de la démocratie. Le gouvernement représentatif issu de l'élection n'est plus qu'une pâle figure ; et camper dans la démocratie du contrôle est source de nouveaux antagonismes, voire d'utopies régressives comme la démocratie d'opinion directe. La démocratie de réflexion à laquelle Monique Castillo nous appelle doit être vue comme dimension d'une démocratie de participation véritable, c'est-à-dire fondée sur l'autonomie de chacun et la solidarité de tous. Participer exige un effort considérable pour s'approprier la chose publique, reconnaitre les contradictions d'intérêts qui nous divisent (au cœur de chacun de nous déjà et a fortiori ensemble), et les retourner en partage des responsabilités. Nos sociétés nationales préféreront-elles rester dans une position subordonnée, en demande toujours accrue de protections par leur État, ou voudront-elles se transcender pour s'auto-responsabiliser, changer pour former une société européenne voire mondiale, et œuvrer à une nouvelle civilisation ?

Philippe HERZOG

INTRODUCTION

En s'individualisant toujours plus, la morale devient une affaire de goût, d'opinion et de circonstance ; la spontanéité s'impose comme une forme de morale instantanée, garante d'une sorte d'authenticité qui ne saurait mentir, la singularité passant, quand elle est incontrôlée, pour une résistance à tous les conditionnements. Mais la morale ainsi singularisée sépare les individus au lieu de les solidariser dans l'imaginaire d'une même destinée. Sur le fond de cette déliaison, quand les incivilités privées, provocatrices ou narquoises, affichent un immoralisme content de soi et que les « affaires » publiques font craindre la banalisation du cynisme politique, alors le sentiment s'accentue d'une perte totale et tragique de tout monde commun. La démoralisation de la morale cohabite avec celle de la politique.

Quand le public manque des mots, des références et des figures politiques qui lui donnent accès à la réalité telle qu'elle est, quand fait défaut la confiance dans les repères collectifs partagés, alors ne reste que l'expérience collective d'un profond désarroi, d'une angoisse que ne suffit pas à calmer le jeu des accusations et des colères. Ce désarroi ressemble à une crise de civilisation. On a parlé d'une crise de confiance en soi de la civilisation européenne comme d'un fait marquant de l'histoire contemporaine; et il est vrai que les Européens éprouvent souvent le sentiment d'une véritable défaite culturelle : alors qu'ils représentent la civilisation des droits de l'homme, de la tolérance et de la liberté, ces valeurs se révèlent impuissantes devant la montée de la violence, du fondamentalisme et de la déculturation grandissante des jeunes générations. Il semble que, au lieu de les rapprocher de la réalité, elles les en éloignent, au risque de ne plus savoir la regarder en face. Peut-être nos valeurs sont-elles devenues plus convenues que sincères : n'existent-elles pas trop souvent sous la forme d'une rhétorique pseudo-consensuelle qui fonctionne à la manière d'une pensée unique de l'impuissance ?

C'est cette profonde désorientation morale qui retient l'attention. La politique est dans la situation de s'en servir autant que de la combattre, puisque ce sont deux manières d'en vivre, même mal, et qu'il n'y a pas le choix : nous vivons l'expérience d'une hétérogénéité advenue, qui s'est installée pour une part, dans les pensées, les mœurs et les attentes d'une nouvelle expérience, mais aussi, pour une autre part, dans les déceptions, les résignations et les rages de ceux qui sont définitivement condamnés à l'impuissance économique, sociale et culturelle. Non pas une diversité désirée, mais une diversité factuelle qui n'est pas maîtrisée par les moyens de la pensée, qui s'entretient de l'incompréhension réciproque, qui sépare les familles et les communautés et qui divise l'individu à l'intérieur de lui-même. Dans une réunion amicale, dix personnes, toutes sincèrement démocrates, ne peuvent s'entendre parce qu'elles jugent différemment l'activisme féministe, l'éducation des enfants, le mariage homosexuel, le statut de l'immigration ou la politique de l'ingérence ; elles peuvent être d'accord sur quelques points, mais la combinatoire multiple des conflits fait proliférer des espaces politiques divergents. Comment les surmonter et créer un espace public démocratique commun ?

Cette diversité d'oppositions n'est pas la pluralité souhaitable d'un monde constitué par la multiplicité des regards, c'est un non-monde, un monde négatif, un monde annulé par l'ensemble des points de vue qui le refusent, et une diversité de refus ne crée pas un monde. Dans un espace public devenu dichotomique, le rejet commun est ce qui rapproche en dernier ressort, unit les clans rivaux, car, même quand on veut la concorde, chacun la veut contre celle de l'autre ; chacun peut dire : je veux l'unité et la paix ; mais, à aucun prix, je ne veux qu'elle me soit inspirée par les valeurs d'un adversaire politique. Si bien qu'une valeur vaut par ce qu'elle refuse et non par ce qu'elle fait partager, tel est peut-être le mal secret qui ronge les nouveaux « esprits libres ».

Division et déliaison sont donc des états de civilisation désormais installés dans les esprits et que la politique a le plus grand mal à gérer. Ce qui nous intéresse ici, ce sont leurs causes morales, leurs causes culturellement morales. Le phénomène est quelque chose de plus profond qu'un sentiment de décadence culturelle, lequel existe à toutes les époques (à toutes les époques, les jeunes semblent toujours moins bien élevés, moins polis, moins révérencieux…). Mais la perte d'identité morale est une séparation intérieure, une sorte de guerre civile intime qui favorise la caricature et l'amalgame, l'émotion réactive imprévisible et irraisonnée. En public et en politique, c'est une guerre manichéenne entre les codes et les signes dès lors que l'espace public ne valorise pas ce que nous sommes, mais ce que nous *représentons* ; nous ne sommes pas jugés pour ce que nous faisons, mais pour ce que nous symbolisons ; ce n'est plus notre action, ni nos travaux ni notre vie qui sont la mesure du bien et du mal que l'on peut nous imputer, mais l'urgence informationnelle et ses simplifications. S'instaure une logique du complot, où il s'agit de désigner l'ennemi, celui qui empêche la coïncidence entre les valeurs et la culture, entre l'éthique et la politique.

En ressort l'impression que la modernité aussi bien que la démocratie se font la guerre à elles-mêmes. Il en résulte une souffrance particulière qui se généralise : une sorte d'incertitude culturelle qui résulte du déficit de cohésion morale du corps social et qui correspond au sentiment de ne plus trouver de caution, de réponse ni de reconnaissance dans sa propre culture, de devenir étranger à son langage, de ne plus s'identifier à ses pratiques ; c'est la peur d'être condamné avant d'être compris, l'impossibilité de se sentir justifié par un corps commun, c'est le sentiment d'une mécompréhension généralisée, parce que les mots eux-mêmes séparent les esprits.

Cet essai prend pour point de départ de son parcours le désarroi moral qui est à l'arrière-plan des réactions moralisatrices ou démoralisées de l'opinion. Il en cherche une origine probable dans les contradictions de notre héritage culturel, plus particulièrement celle qui consiste à dresser la morale contre elle-même. Notre héritage critique, en effet, est double et contradictoire. D'un côté, la critique née des Lumières associe le savoir et la liberté sur la base d'une confiance humaniste dans la responsabilité humaine. Tout homme est capable d'autocritique pour peu qu'il prenne conscience qu'il est lui-même la cause de sa propre ignorance et de sa propre servitude, par paresse, lâcheté ou conformisme. La critique de soi, qu'il s'agisse d'un individu ou d'un peuple, est conçue comme le ressort universel d'une révolution mentale qui rend chacun capable de lutter contre cette inclination qu'est l'appétence pour la servitude en faveur de la tranquillité. Ressort moral critique d'où naît la vocation d'un humanisme cosmopolitique, faisant du respect de l'humanité en tout homme un devoir collectif envers l'avenir.

A ce premier héritage critique, d'envergure européenne, s'en ajoute un second, qui combat le premier : c'est l'essor d'une critique radicale qui met en doute la liberté de la subjectivité, la neutralité de la raison et la moralité de l'humanisme. Cette critique radicale veut désillusionner : mettre au jour les conditionnements qui sont à la source de la subjectivité de chacun, dénoncer les complicités qui lient le savoir au pouvoir, rendre la morale suspecte d'être l'instrument de la domination d'une classe, d'une époque, d'un système. On passe ainsi d'un paradigme philosophique à un paradigme anthropologique, du libre examen de la raison à la critique sociologique de la civilisation qui fait de la raison la valeur suprême. La critique libératrice fait place à la critique dénonciatrice. La vogue des philosophies dites « du soupçon » est venue sonner le glas de l'européocentrisme. Avec le développement de l'anthropologie, la science elle-même destituait l'autorité culturelle de l'Europe, et une nouvelle échelle de mesure s'imposait au jugement, à savoir le monde entier et l'immense variété des manières d'être homme qu'il manifeste ; l'Europe devait apprendre à vivre avec les autres, à égalité avec les autres cultures. La modestie s'imposait. En même temps s'est popularisé un indifférentisme axiologique érigé en morale publique parfois autoritaire, morale anti-moraliste dont l'enjeu était à la fois éthique, culturel et politique. La jeunesse jugeait que le progressisme européen devait désormais passer par sa propre décadence pour permettre l'émergence de cultures étrangères à la sienne, de même que l'intelligentsia affirmait que le progrès, désormais, exigeait que l'égalité démocratique, pour se répandre dans le monde, passe par la relégation des nations européennes qui ont porté et diffusé le progressisme. L'Europe ne devait plus cultiver qu'une seule croyance : la croyance en la possibilité d'un monde sans luttes, totalement pacifié, spontanément égalitaire et respectueux des autres. C'est en toute sincérité et en toute spontanéité que le relativisme est ainsi devenu la marque d'un nouveau progressisme, et ceux qui affirment qu'aucune valeur ne vaut plus que les autres ne pensent pas du tout pratiquer un quelconque nihilisme, ils pensent, au contraire, se montrer bien plus tolérants que Voltaire.

Comment ne pas se perdre dans le labyrinthe de nos pensées héritées ? Ce double héritage est le nôtre, à nous qui sommes désorientés, un « Nous » en vérité bien étrange, puisqu'il n'est unifié que par sa propre faiblesse. Nous souffrons de ne pas comprendre le monde qui vient, faute de repères : comment affronter un monde qui commence avec les outils d'un monde qui finit ? Nous souffrons de n'avoir que des programmes de désunion politique. Nous souffrons d'inhibition intellectuelle et morale quand nous ne savons plus au nom de quoi juger ni en quoi espérer, nos deux héritages de la modernité étant difficilement conciliables face aux grands thèmes de morale politique comme le recul des solidarités, le gaspillage des ressources, les nouvelles formes de violence, la généralisation de la reproduction médicalement assistée, l'éducation des enfants à l'âge des moyens multimédias etc. L'individualisme est loué comme source de responsabilisation tout en étant déploré comme égoïsme auto-justifié; l'émancipation est jugée progressiste mais dissolvante de l'intérêt général; le pouvoir est sommé d'agir, mais son action est par avance soupçonnée d'activisme; il est démocratique de critiquer la démocratie, mais comment éviter d'en ébranler en même temps les fondations? En chacun, l'universalisme cohabite moralement et contradictoirement avec le singularisme, et nous ne savons plus trancher entre la règle qui vaut pour tous et l'exception qui vient secourir les victimes de la loi.

La démoralisation qui touche l'individu est un phénomène psychique analogue au découragement, une sorte de panne de l'énergie vitale qui n'est plus mobilisée par un projet de sens; la démoralisation démobilise. Et la démoralisation généralisée induit une culture du découragement, un découragement qui s'insinue jusque dans le culte du bien-être, la démoralisation cohabitant parfaitement avec une culture du bonheur sans contrainte et de la liberté sans limites; c'est là le paradoxe d'une activité bornée à exaucer des vœux qui ne nourrissent que la reproduction d'un désir sans fin. Il faut une nouvelle forme de courage pour surmonter une fracture culturelle qui entame l'intimité individuelle et divise le corps social entre son éthique et sa force, au risque de réduire la vie politique à une opposition catastrophique entre le cynisme (la force sans l'éthique) et le nihilisme (l'éthique sans la force). L'« autophagie » culturelle est devenue si contre-productive qu'elle met en péril l'héritage culturel de l'humanisme européen : la déculturation, le nihilisme, la déshumanisation le détruisent de l'intérieur et silencieusement. Se cantonner dans la défiance envers soi peut inciter au désengagement et à l'irresponsabilité, et c'est peut-être sur les ruines d'un amour raisonnable de soi que s'étend aujourd'hui le règne sans limites de la marchandise. Notre faiblesse est de croire que cette négation de soi est l'héritage fatal de la civilisation européenne, croyance qui détruit la confiance en soi. Pourtant, un retournement est possible si l'on prend conscience que ce désenchantement, loin d'être notre destin, est au contraire ce qui nous prive de notre avenir, ce qui nous rend aveugles et étrangers à la vitalité culturelle de l'Europe, sa vocation à se donner des buts, la rationalité européenne ayant pu être définie comme une énergie de conversion, de transformation, de régénération.

Peut-être les crises qu'ils traversent conduiront-elles à faire douter les Désorientés de leurs propres doutes, de leurs divisions et de leur méfiance. Pour reprendre la route, il faut que la division destructrice fasse place au déchirement fécond, que la critique de soi cesse d'alimenter la négation de soi, et que renaisse un ressourcement créateur; alors on pourra renouer avec un destin commun, celui que tracent les tâches à venir, l'humanisation numérique, l'humanisation écologique et l'humanisation entrepreneuriale.

Les trois parties de cet essai explorent les paradoxes qui caractérisent les politiques de l'individu (première partie), les politiques du pluralisme (deuxième partie) et les politiques de l'innovation (troisième partie) parce qu'ils illustrent les contradictions et l'insécurité qui font notre condition culturelle.

I. Quand la démocratie vise la satisfaction personnelle des individus comme un succès collectif, elle pratique une politique de l'individu. Mais un processus paradoxal d'émancipation se met en marche, qui condamne le sujet à se réduire toujours plus à lui-même dans un monde peuplé de célibataires, oubliant que les hommes ne vivent pas dans un monde de choses, mais dans un monde signes où l'invention de soi coïncide avec l'invention du rapport à autrui et au monde, dans un mouvement d'individuation inachevable.

II. La culture de la différence de l'autre fait espérer plus de paix et plus de démocratie. Mais l'illusion que l'indifférentisme axiologique intensifie l'égalité entre les hommes conduit à sacrifier la morale de la responsabilité au culte des identités, et c'est, paradoxalement, le langage de l'ouverture à l'autre qui finit par servir de justification morale à l'exclusion réciproque des communautés. Il y a là un défi politique, culturel et moral qui réclame une herméneutique capable de dépasser le stade d'une « guerre du sens » pour assumer la coresponsabilité d'un *sens commun* de la pluralité du monde.

III. Dans la société d'information, la richesse est faite d'associations inventives entre les savoirs. En résulte un impératif productiviste d'innovation qui subordonne la surexploitation des individus au culte exclusif du *résultat*; pourtant, une culture de la *création* est en mesure de rivaliser avec les représentations technicistes des rêves de puissance quand elle se porte au niveau d'une ontologie de la connaissance dont la maturité consiste à reconnaître dans la communication un pouvoir double, d'information et d'imposture, de fiction et de désaliénation tout à la fois, l'expérience collective construisant par rectifications et recréations continues sa « réalité », médiatiquement phénoménale.

Ainsi, au moment où elle succombe à la mésestime d'elle-même, la culture européenne se voit engagée dans une civilisation de l'information qui transforme le rapport à la réalité et fait du pouvoir, sur le plan cognitif, une fabrique du sens. Il est tentant de penser que le désarroi moral vient opportunément servir une *praxis* de la mobilité individuelle dans un monde incertain qui a besoin d'une flexibilité toujours plus grande des hommes et des normes; il est également possible de saluer la multiplicité des choix éthiques qui permet aux individus de gérer leur vie sexuelle et familiale comme les chances d'un plus grand développement personnel. Mais les contradictions de l'individualisme, les embarras du pluralisme et les antinomies du productivisme amènent à porter la question éthique sur le terrain d'une véritable ontologie du savoir. Dans la société de communication, nous ne rejoignons le réel que par la médiation du sens qui lui est collectivement donné, à partir de la théorisation scientifique, de la médiatisation journalistique, du cadrage cognitif des politiques, des argumentations contradictoires de parties prenantes etc. Qu'il s'agisse de nommer, justifier, autoriser, condamner … qu'il s'agisse de faits, d'affects, de normes ou d'événements, l'intelligibilité transcendantale du réel, parce qu'elle est mouvante et sujette à de multiples appropriations, a besoin de *crédibilité* publique.

Participer à la construction cognitive de la rationalité d'une époque dessine de nouvelles tâches pour l'éthique et la politique. Une démocratie de réflexion, plutôt qu'une démocratie d'opinion, peut assumer l'urgence de lutter contre la détresse symbolique, le manque de vision et le rétrécissement moral de la vie collective. Une culture de la création, au lieu d'un productivisme destructeur, définit une société ouverte, de l'intérieur, par la sublimation ; elle dés-instrumentalise le rapport à l'action et dé-chosifie le rapport aux objets ; les acteurs ont conscience de participer à un monde où les significations déterminent les raisons des décisions et où ils assument la responsabilité de l'institution collective du sens.

Première partie

POLITIQUES DE L'INDIVIDU

« L'individualisme démocratique », ce qualificatif ordinaire de la démocratie libérale, signifie que l'individu est un être moral qui ne naît pas soumis à la communauté politique, mais qui, au contraire, impose à la vie politique le respect de l'entité « individu ». Toutefois, s'il est facile de s'accorder sur la représentation juridique de l'individu (une entité générale pourvue de droits opposables aux autres individus), la liberté individuelle se réalise concrètement dans des contextes politiques qui en particularisent l'incarnation, de sorte que la réalisation politique de soi emprunte des chemins parfois divergents : heureux de s'incorporer dans la substance collective quand il est républicain, l'individu cherche aussi à « politiser » sa singularité comme le moyen d'exercer un contre-pouvoir.

Or l'individualisme démocratique est aujourd'hui à la croisée d'orientations contradictoires, une politique de la sécurité cohabitant avec une politique du risque. C'est que l'individu appartient à deux histoires politiques qui se combattent au cœur du changement. La maturité démocratique s'est faite sociale en octroyant à l'individu des garanties qui lui permettent de se constituer par des moyens politiques : l'État lui assure la formation, la santé, il le met à l'abri de la concurrence vitale et sociale par diverses allocations. Mais, la démocratie affrontant comme son actuel destin la mondialisation des flux et des échanges, la concurrence invertit tous les registres de la vie et le marché devient « régulateur », c'est-à-dire témoin et informateur des mutations nées de l'initiative et de l'invention des hommes au gré des opportunités et donc de l'incertitude ; l'individu se trouve jeté dans la concurrence vitale et sociale au moment où il demande à en être protégé par de nouveaux moyens politiques. Cet embarras perturbe la culture de l'individualisme et les politiques de l'individu.

Il faut affronter, en effet, l'étrange paradoxe d'une société qui privilégie l'individualisme bien plus que l'individu en se donnant pour but éthique et politique d'inciter au développement de l'individualité par l'essor de l'individualisme ; sont encouragés la construction de soi, la confiance en soi, l'affirmation de compétences personnelles, l'originalité de chacun, l'inventivité singulière et l'authenticité irremplaçable, mais principalement dans un contexte de concurrence où il faut inciter à la performance ou compenser l'échec ; l'individu doit apprendre l'individualisme, apprendre à se frayer un chemin à l'écart des autres, à entrer en lutte avec ses semblables, à se faire reconnaître comme un « battant » ou comme une « victime » de la course au développement de soi. La réussite personnelle fait le succès de l'individualisme social. Portons le paradoxe jusqu'au bout : l'individu est sommé de vérifier les bienfaits de l'individualisme parce que celui-ci est devenu le marqueur caractéristiques des sociétés que l'on dit, selon les cas, « postmodernes » ou « hypermodernes ».

CHAPITRE PREMIER

ÊTRE SOI :
UN FAIT SOCIALEMENT PERSONNEL

L'individualité est chose singulière. Ne serait-ce que parce qu'elle appartient à deux extrêmes, celui de la nature et celui de la culture. L'individu est naturellement, génétiquement, le produit d'une combinaison unique de déterminations héréditaires. Par ailleurs, une « grande individualité » est, culturellement, dans l'art ou dans l'histoire, une singularité atypique qui invente une sorte de nouvel archétype d'humanité. Rien de plus normalement banal, d'un côté, rien de plus exemplaire, de l'autre, que le fait d'être soi.

Dans la vie politique, être une singularité en même temps qu'une individualité semblable et égale aux autres réclame une construction de soi. Être un individu autonome qui se veut égal aux autres est un devoir, mais il est aussi un devoir d'être soi, d'assumer sa propre singularité. Les moyens de cette double construction de soi, comme semblable et différent tout à la fois, sont nécessairement d'ordre culturel. Il n'est pas sûr que cette difficulté d'être ait encore trouvé des modèles définitifs ou stables de résolution ; plus encore, l'individualisme peut prendre, comme on le voit aujourd'hui, des formes qui contribuent à déstabiliser ou à détruire l'individu.

On peut estimer, à juste titre, que cette difficulté est et a toujours été d'ordre rigoureusement personnel et intime. Chacun doit se faire, seul, tout ce qu'il peut être ; l'équilibre qui lui est donné par son milieu et son éducation, l'équilibre qu'il conquiert par ses propres forces contribuent à forger sa personnalité, qui est une manière à la fois privée et publique d'être soi. Toutefois, la question se présente aussi comme une sorte d'exigence de pointe de la civilisation elle-même quand l'idéal démocratique n'attend plus seulement de chacun l'obéissance à la loi qui vaut pour tous, mais la manifestation d'une singularité qui contribue à la plus grande diversité humaine.

NAISSANCE POLITIQUE DE L'INDIVIDU

La conscience d'être un individu, de devoir vivre et agir comme un être autonome dépasse infiniment la singularité biologique de chacun, elle n'est pas un fait de nature. L'individu se personnalise selon un modèle culturel dont la spécificité est de valoriser l'individualité dans les sociétés modernes, dites « individualistes » par rapport aux sociétés traditionnelles, dites « holistes ». Nous appartenons à une histoire qui a valorisé l'indépendance individuelle au détriment de l'appartenance à une communauté et du poids de la tradition. L'éducation prépare à cette construction de soi, elle enseigne à savoir exister, penser et vouloir par soi-même.

Mais cette caractéristique des sociétés modernes est à tout le moins paradoxale, puisqu'il faut que l'individu apprenne tout à la fois à se détacher et à s'associer. L'individualité doit se concevoir elle-même et être reconnue par les autres comme une valeur, mais une valeur commune à tous ; une telle valeur ne peut être que l'humanité elle-même comme source intrinsèque de toute dignité personnelle. Différenciés par leurs appartenances et leurs identités singulières, les individus sont des semblables en tant que sujets porteurs de la même qualité d'humanité. Paradoxe encore : il faut être comme les autres pour être soi ; il faut être différent des autres pour être un « soi-même ».

C'est un acte imaginaire de dissolution de la société réelle et historique qui donne naissance à l'individu. Ce travail de déliaison et de décomposition s'est accompli mentalement, intellectuellement, à l'époque des Lumières, chez les théoriciens d'un « état de nature » qui aurait été la condition pré-politique de l'humanité. Pour atteindre l'individu, pour en exhiber la réalité primitive en quelque sorte, en le détachant de sa communauté de naissance, il fallait imaginer l'homme d'avant la société, l'individu « né libre ». A la naissance sociale, historique, conditionnée et *réelle* de l'individu s'oppose sa « véritable » naissance, sa naissance *rationnelle*, par laquelle il naît à ses droits et de ses droits : ses droits à la liberté et à l'égalité avec tous les autres.

Mais à peine né de la raison juridique et philosophique, l'individu découvre sa « malheureuse liberté », pour parler comme Hobbes. Exister en tant qu'être singulier, c'est être séparé de tous les autres, être contraint de survivre par soi-même et découvrir les périls qui proviennent de la liberté quand elle est sans règles ; individu strictement singulier, il doit s'opposer à tous les autres, puisque, tous les hommes étant nés pourvus des mêmes droits, l'égalité des libertés égalise les recours à la violence : chaque liberté peut s'exercer comme un pouvoir de lutter contre la liberté d'un autre. Du même coup, se découvre la misère de l'homme singulier, misère de l'homme sans société, sans passé et sans repères.

La démarche paraît étrange : elle extrait l'individu de la société pour lui faire découvrir la détresse dans laquelle le plongent sa propre liberté, sa propre singularité. En vérité, cette reconstitution mentale de nos origines serait absurde si son but n'était pas de conduire l'individu vers d'autres possibilités et d'autres accomplissements. Des possibilités qui n'existaient pas dans la société concrète dont on l'a tiré. Les théories de l'état de nature font donc naître l'individu pour qu'il se lie lui-même aux autres par un « pacte social » ou « contrat social » librement consenti. Elles le font naître pour qu'il adhère à un mode plus parfait de l'existence, celui de la vie en commun. Elles le délient pour qu'il se lie ; l'individualité n'est posée comme originaire que pour être dépassée moralement et politiquement.

DES RÉFÉRENCES MORALES IDÉALES

L'individualité est ainsi posée comme la figure humaine originaire de la dignité, et, par voie de conséquence, comme la fondation morale de la légitimité du pouvoir politique ainsi que de ses limites. Si l'on oublie qu'il s'agit d'une construction idéale destinée à servir de référence idéale aux comportements individuels concrets, on comprend mal les tensions existant entre l'exemplarité libérale et l'exemplarité républicaine qui illustrent concurremment la philosophie des droits de l'homme. Dans la version libérale, les droits à la liberté sont dits « naturels » au sens où, étant plus originaires que la société instituée, ils sont dotés d'une force obligatoire inconditionnelle qui s'impose au pouvoir politique, dont l'origine n'est que conventionnelle et dérivée. Ils définissent une norme supérieure aux vicissitudes de la vie politique et constituent une limitation de l'usage que tout pouvoir fait de sa souveraineté : la liberté individuelle fixe ainsi des limites à la souveraineté de l'État. Il convient de penser le pouvoir comme la protection et la garantie des libertés ; le pouvoir politique n'est pas une fin en soi, il n'est qu'un instrument de sécurité dont l'ultime bénéficiaire est l'individu. Ce qui souvent s'exprime par l'idée que l'individu n'est pas fait pour l'État, mais l'État pour l'individu.

Mais ce modèle idéal d'individualité fondatrice doit, pour devenir actif, être pourvu de droits positifs et effectifs, des droits qui seront communs à tous ceux qui refusent l'obéissance servile et l'inégalité ; c'est pourquoi la réalisation publique et collective de l'individu vient au premier plan dans la version républicaine de la réalisation des droits de l'homme. L'individu-sujet peut trouver son accomplissement réel, effectif, dans la citoyenneté, à la manière dont Rousseau en conçoit le principe en mettant l'accent sur la priorité de l'intérêt général et du bien commun. L'individualité doit alors trouver la plus haute réalisation de soi dans la promotion d'un corps commun, doté d'une âme qui est faite d'une volonté commune. Le libre renoncement à la particularité singulière de chacun se transmue alors en une volonté commune, créatrice d'un monde commun. La puissance d'adhérer caractérise alors l'individualité morale, bien plus que celle de refuser ou de se séparer. Une institution libre ne peut procéder que de libres adhésions dont elle est la résultante. De sorte que l'acte de volonté individuel le plus élevé est de donner naissance à une autre volonté, collective celle-là, qui sera plus que la sienne propre.

Il n'est pas difficile de constater que cette réalisation communautaire de l'individualité est, elle aussi, une référence idéale à un *modèle idéal* dont chacun est invité à faire l'inspiration morale de ses actes civiques. Puisque l'adhésion pas plus que la fraternité ou l'amour ne s'imposent par la force, ils ne peuvent agir que comme un mobile intérieur capable d'opérer en chacun une sorte d'inspiration de soi par soi, que l'on peut nommer de diverses manières : une « vertu », une « foi », un « appel » ou une « vocation ». Il existerait ainsi une condition « idéale » de la démocratie, que Bergson assimilait à une inspiration évangélique de fraternité et Montesquieu à la « vertu », ressort d'un « État populaire », c'est-à-dire républicain, dont la disparition fait place aux excès des appétits de possession. Cette citoyenneté idéale reste au fondement de l'éducation, à la base de la formation de ceux qui ont affaire à la santé, à la protection, au bien d'autrui en général, qui est enseigné et mis en pratique dans les écoles, puisqu'instruire opère un déracinement corrélatif d'une recréation. Déracinement vis-à-vis des déterminations subies ; recréation, volontaire et instruite, du rapport à autrui, au monde et à la culture. Dans cette formation de l'individualité comme « personne », le Moi ne se personnalise qu'en s'associant, il meurt et naît tout à la fois, refusant les singularités qu'il n'a pas choisies pour adhérer, comme acteur volontaire, aux savoirs, aux normes et aux buts qui forment une république morale idéale.

Mais l'évolution des mentalités, visant une plus grande individualisation de la liberté, fait juger trop idéale et trop ascétique cette libre obéissance par laquelle l'individu se nie et s'affirme tout à la fois en choisissant de se regarder lui-même comme un autre; la « libéralisation » des mœurs prend alors une autre direction, qui s'efforce de porter plus loin l'émancipation personnelle en donnant davantage de place à la singularité de chacun et en faisant de l'individualisation de l'individu un but culturel à part entière.

LE TOURNANT HÉDONISTE ET SES CONTRAINTES

L'individualisme se change alors en une revendication de satisfactions privées, l'individu se considérant comme un *bénéficiaire* plutôt que comme un acteur des avantages de la vie en commun. La démocratie s'identifie à une société civile qui se consacre à l'individualisation des comportements et des attentes. De sorte que l'intérêt privé, l'indépendance individuelle, la culture de soi n'apparaissent pas comme une régression mais comme un progrès de la vie en commun. Se mettre à l'écart de ses semblables, protéger la singularité de ses goûts et de ses fréquentations, gérer librement ses loisirs et ses biens, cela recouvre une part d'apolitisme autorisé, la part de vie privée mise à l'écart de la vie publique. En dehors des obligations civiques qui le lient à l'État, l'individu tend à s'affirmer comme l'élément libre d'une société civile qui lui permet de jouir des droits qu'il n'a pas délégués, mais conservés pour lui-même, comme le droit d'assurer individuellement son bonheur.

Cette revendication d'indépendance n'est pas nouvelle, puisqu'elle caractérise le versant libéral de la pensée politique moderne. La doctrine libérale de Locke enseigne que l'individu est l'unique source de son propre bonheur, qu'il conquiert son indépendance par le travail et la propriété, qu'il doit être défendu contre les abus de pouvoir, que sa réalité est première, supérieure à celle de la collectivité à laquelle il appartient. Mais si cette revendication n'est pas nouvelle, elle s'est acquis des possibilités de déploiements nouveaux dans le contexte des nouveaux modes de maîtrise de la nature engendrés par l'évolution des techniques et la perméabilité croissante de la société aux revendications privées. Les bienfaits n'en sont-ils pas pour tous ? Ne permettent-ils pas de « personnaliser », comme on dit en jargon publicitaire, c'est-à-dire d'individualiser la demande de biens utiles, puisque l'innovation multiplie le nombre des opportunités ? L'individualisme est un optimisme : le bien-être peut être donné à tous, et le cours des choses semble autoriser de lui-même le remplacement de l'éthique ascétique du « sujet » par l'éthique pragmatique de l'individu, désinhibé, libéré, déniaisé, affirmant son droit de mettre à profit, pour son propre compte, les avantages qui se peuvent tirer d'une civilisation qui privilégie le droit au bonheur.

Que la demande individuelle de bonheur et de bien-être puisse devenir un nouvel impératif de succès pour les politiques publiques a largement contribué à brouiller les repérages partisans. Pour l'*ethos* classique de la gauche socialiste, l'individualisme est une marque bourgeoise, une valeur de classe dominante capitaliste, et il est associé aux avantages liés à la propriété privée, à l'héritage et aux privilèges transmis, tandis que la valeur véritable naît des solidarités collectives créées par le travail, et que l'expérience de l'infériorité culturelle et sociale justifie la revendication d'avantages sociaux compensateurs. L'individu est, pour la tradition socialiste, une réalité plus sociale qu'individuelle. Toutefois, les inventions techniques qui ouvrent la route à l'égalisation des conditions par la consommation finissent par imposer à tous les partis un nouveau « progressisme » : plutôt que le progrès vers le *meilleur*, qui est un bien moral, idéal des Lumières, le progrès vers le *mieux*, le mieux qui ne cesse de remplacer le bien, de corriger le bien, de déplacer le bien en découvrant les formes indéfiniment perfectibles du bien-être possible... C'est ainsi que le mariage et la procréation, par exemple, deviennent des actes toujours plus singularisés, l'expression de choix exclusivement privés en vue de projets de vie totalement personnalisés. Ce n'est plus notre espèce qui fait des enfants, c'est chacun de nous qui choisit d'allier la procréation à une réussite vitale et sociale adaptée à un contexte affectif et professionnel particulier, au plus près de sa singularité propre. Les mesures en faveur de la contraception, de l'avortement, de la séparation et du remariage[1] ont fait de la vie familiale et de la procréation *une chance personnelle de développement* et non, comme le pensait la coutume, un phénomène collectif et même générique, propre à l'espèce humaine dans son ensemble.

Une nouvelle figure de la démocratie a fait ainsi de l'individualisme un phénomène de masse. Les sociologues et les écrivains avaient bien décrit l'âge antérieur, celui du sacrifice industriel de l'individu à la production de masse et à la guerre de masse. Avec la consommation de masse, la question sociale se concentre sur l'individualisation de l'individu. C'est

---

1. Ce que résume assez bien le terme de « démariage » dans le Rapport du groupe de travail « Filiation, origines, parentalité » dirigé par Irène Thèry, justice.gouv.fr/include_htm/etat_des_savoirs/eds_thery., Paris, 2014.

un épanouissement personnel que l'individu demande à la société, l'action sociale consistant à accentuer l'autonomie individuelle. La démocratie devient, plutôt que la fondation et la stabilisation des institutions, un principe de mouvement : la démocratisation continuelle et inachevable des conditions d'accès au bien-être.

Mais en même temps l'individualisation des mœurs s'impose aussi comme une nouvelle contrainte sociale. En devenant un phénomène de masse, la singularité personnelle prend l'allure d'un fait social obligé, chacun étant sommé, en quelque sorte, de posséder et d'affirmer en propre une identité strictement personnelle. L'individu « libéré » est tenu d'afficher la singularité de ses besoins, de ses goûts et de ses attentes, de concevoir cette satisfaction comme le but de toutes les modernisations. Il doit manifester son indépendance, montrer que le cours de sa vie n'a d'autre règle que la quête d'autosatisfaction (le bonheur devenant une sorte de devoir social[1]), il doit prouver sa capacité de se désaffilier en permanence. Après avoir été posé comme une source d'émancipation politique et culturelle, comme un rempart contre les pouvoirs autocratiques et tyranniques, l'individu est devenu un principe de mouvement pour les sociétés prospères : il doit en adopter l'instabilité, la mutabilité et pratiquer, face aux institutions, une sorte de harcèlement contestataire dont il lui faut illustrer en même temps la figure réussie, celle d'une individualité constamment régénérée[2]. Sommé de ne s'identifier qu'à la mobilité de ses désirs, l'individu est engagé dans une sorte de mauvais

1. Voir P. Bruckner, *L'euphorie perpétuelle*, Paris, Grasset, 2000.
2. M. Castillo, *L'identité en questions*, Cercle Condorcet d'Auxerre, 2013, p. 29.

infini de l'émancipation promise par la démocratie : « notre réalité, c'est la libération de soi, et pour nous en libérer nous n'avons pas d'autre programme que celui de toujours plus nous libérer. C'est pour cela qu'il n'y a plus de réalité et plus de principe de réalité non plus »[1]. Réduit à soi, à la singularité incommunicable d'un complexe de pulsions, à la somme de ses chances, au constat de ses propriétés brutes, à la nudité de son être, l'individu doit être à lui-même son propre but, et se borner à reproduire ce qu'il est déjà. Aussi la désocialisation de l'individu est-elle souvent le fait d'une conscience qui ne peut plus adhérer ni croire ni faire confiance à l'institution quand il découvre la solitude au bout de la déliaison et que son singularisme traduit une extrême désillusion sur l'art et le pouvoir d'être soi. Cette déconstruction de l'individualité n'est pas seulement extérieure et spectaculaire, mais également intérieure quand elle atteint les structures du langage et des émotions. L'impuissance à savoir dire et la pauvreté des conformismes émotionnels réduisent à l'élémentaire le pouvoir de se relier au monde et de communiquer avec autrui. Phénomène collectif, cette déculturation passe pour un nouveau fait culturel, mais dont on entrevoit les aspects pathologiques au niveau individuel (suicide, délinquance, dépression, radicalisme). De sorte que l'individualité apparaît plutôt aujourd'hui comme une réalité à réinventer moralement et politiquement.

1. Y. Michaud, Commentaire du livre de Peter Sloterdijk, « La mobilisation infinie », dans *Humain, inhumain, trop humain*, Paris, Climats, 2006, p. 74.

CHAPITRE II

L'ÉMANCIPATION PERSONNELLE :
UN HÉRITAGE CONTRADICTOIRE

Pour s'imposer comme un moteur démocratique majeur et un marqueur incontournable des politiques progressistes, l'individualisme a grand besoin de légitimité culturelle. Or la culture démocratique contemporaine hérite en vérité de deux modèles contradictoires de l'émancipation individuelle. Le droit à la liberté personnelle s'affirme, en effet, tout à la fois comme un acte *moderne* en son inspiration originaire, mais également comme une mise en doute de la modernité dans son inspiration seconde, dite « *postmoderne* ». C'est ainsi qu'un certain nombre de situations mettent notre capacité de juger en conflit avec elle-même. Les plus fréquentes concernent la vie politique, l'évolution des mœurs, la formation des jeunes, les mutations de la vie professionnelle, la mondialisation etc. Nos jugements sont souvent sévères, mais contradictoires entre eux.

L'ÉMANCIPATION POLITIQUE MODERNE : L'AUTONOMIE

Si vivre politiquement, c'est vouloir vivre ensemble de façon durable, une ressource éthique est nécessaire pour fonder la confiance qu'un homme peut avoir dans un autre homme; la morale de l'*autonomie* personnelle y pourvoit dans le modèle de l'État de droit façonné par la modernité politique. Celle-ci fait confiance à la liberté individuelle en tant qu'elle est capable d'autolimitation, ce que signifie le terme *autonomie* : « obéir à la loi qu'on s'est prescrite est liberté »[1], d'après la formule de Rousseau. Sur le plan culturel, il s'agit d'une révolution mentale consistant, selon la célèbre formule kantienne, dans la sortie de l'homme de la minorité dont il est lui-même responsable; l'idée, généralement rendue par l'expression « penser par soi-même », implique le rejet du conformisme entretenu par lâcheté intellectuelle, l'autonomie de chacun naissant de sa capacité à lutter contre soi-même, contre l'ennemi intérieur qu'est la complaisance pour sa propre servitude. Pas de liberté sans responsabilité, laquelle commence par le courage de discerner en soi-même le penchant à se soumettre au pouvoir d'autrui. Il y a là une « auto-fondation » de la responsabilité qui n'est en rien une manière magique de se donner naissance à soi-même en tant que sujet souverain et infaillible; une telle arrogance contredirait l'acte de s'arracher à une *minorité* dont on s'attribue la responsabilité. C'est parce que je me suis asservi moi-même par liberté (pour avoir la paix, pour être en repos, pour refuser un combat difficile etc.) qu'il m'est possible de me délivrer de ma propre servitude. Il n'y a pas d'autre désaliénation qu'une auto-désaliénation : on n'est pas émancipé par un endoctrinement extérieur, ni par une assistance étrangère, mais seulement par un acte intérieur de conversion de soi-même. Paul Ricœur

1. Rousseau, *Du Contrat social*, livre I, chap. VIII, Paris, GF-Flammarion, 1979.

identifie ainsi l'auto-imputation à une *capacité*, la capacité de se désigner soi-même comme auteur de ses actes, la capacité de se donner la visibilité d'un acteur public, d'un agent « capable de se poser en posant la norme qui le pose comme sujet » [1].

Telle est l'essence morale de l'autonomie, condition de possibilité de la confiance d'un homme dans la parole d'un autre homme, parce qu'un individu se lie déontologiquement à son propre usage de la parole : sa capacité à se mettre à distance de ses croyances, de ses faiblesses et même de ses lâchetés est originairement déontologique en tant que projet d'une lucidité fondatrice d'une solidarité humaine universelle. La crédibilité du jugement humain légitime, en effet, l'émancipation politique de l'individu. La politique n'est pas un art réservé à une oligarchie, s'il suffit de s'éduquer pour libérer son intelligence et juger par soi-même dès lors que le jugement critique n'est pas affaire de science, mais d'exigence. La participation de tous à la même volonté d'intelligence en fait des égaux, et l'estime de soi qu'inspire une telle égalité originaire donne le courage d'apprendre à penser, à vouloir, à choisir, à être autonome.

« On ne peut vouloir l'autonomie sans la vouloir pour tous » [2] : la formule définit la vocation spécifiquement *démocratique* de l'autonomie à l'époque contemporaine et elle en approfondit la pratique individuelle. Pour les penseurs des Lumières, l'autonomie est reconnue à chacun comme une qualité d'humanité originaire, non octroyée par le politique et indépendante des circonstances, ce

---

1. P. Ricœur, *Le Juste*, tome 2, Paris, Editions Esprit, 2001, p. 58.
2. C. Castoriadis, *L'institution imaginaire de la société*, Paris, Points-Seuil, 1975, p. 159.

qu'exprime l'abstraction d'un sujet universel présent en tout individu. Une abstraction que pratique l'instituteur quand il met sa confiance dans le déploiement futur d'une intelligence, le médecin quand il soigne le malade inconscient comme une personne morale, le touriste qui reconnaît comme un semblable l'homme d'une lointaine contrée aux mœurs si différentes etc. Dans tous les cas, la personne libre et égale en dignité est un sujet abstrait (ce qui ne veut pas dire fictif!). Qu'est-ce alors que vouloir l'autonomie pour tous de façon plus concrète? Au cœur du XXe siècle, avec la connaissance incontournable des pesanteurs et des conditionnements qui pèsent sur tous les individus, le projet d'autonomie reçoit une nouvelle donation de sens. Car c'est la capacité même d'accéder au statut de sujet libre qui devient problématique quand l'enfance est marquée par une histoire affective intériorisée sans être élucidée, quand la vie sociale est placée sous le régime de l'hétéronomie (accepter sans vouloir, subir les conformismes, se perdre dans les illusions collectives etc.). Sur la base de ces questionnements, l'autonomie, avec Cornélius Castoriadis, redevient un projet révolutionnaire, elle se charge d'un contenu historique et collectif, politique et culturel. Elle n'est pas seulement une conquête intellectuelle ni l'accès à une étape supérieure de la civilisation et elle est plus que l'anticipation de l'avenir par une idéalisation rationnelle; c'est une action de soi sur soi-même qui se pratique aussi bien individuellement que collectivement, c'est l'engendrement historique de soi par soi, l'auto-transformation de soi. Ce projet d'autonomisation continue engage les ressources du langage, de l'affectivité et de l'intelligence dans une mobilisation de soi capable de transformer l'incompris en significations et le pâtir en agir. Cette autonomie pour les temps contemporains transporte dans la vie politique la dynamique intérieure dont les Modernes ont fait un attribut de la raison philosophique : la raison est une énergie en action, un élan, une tension, une activité sans repos[1].

L'ÉMANCIPATION POLITIQUE POSTMODERNE :
LA SINGULARITÉ

Une autre conception de l'exercice philosophique de la critique, bien plus radicale, fait concurrence à l'idéal moderne de l'autonomie. Elle est née d'une inspiration que l'on fait remonter à Nietzsche. L'inspiration nietzschéenne pour une nouvelle pratique de la critique est « radicale » en ce qu'elle déplace les racines mêmes de la critique : ce n'est plus la conscience humaine en tant qu'elle est libre et responsable, mais *la vie*, parce qu'elle est spontanée, antérieure à la raison et à la réflexion qui devient le tribunal suprême des jugements humains. La raison elle-même doit rendre des comptes quant à ses effets sur le bonheur, la santé et la viabilité des buts ultimes qu'elle assigne à la vie. Ce n'est plus la raison qui se critique elle-même, c'est la vie qui se fait le juge de la raison.

Prendre, dans l'étonnement, la mesure de la puissance à la fois séduisante et ravageuse de ce renversement est

---

1. « Le XVIIIᵉ siècle ne tient pas la raison pour un contenu déterminé de connaissances, de principes, de vérités mais pour une énergie, pour une force qui ne peut être pleinement perçue que dans son action et ses effets. Sa nature et ses pouvoirs ne peuvent jamais se mesurer pleinement à ses résultats ; c'est à sa fonction qu'il faut recourir. Et sa fonction essentielle est le pouvoir de lier et de délier », E. Cassirer, *La philosophie des Lumières*, trad. P. Quillet, Paris, Fayard, 1970, p. 48.

indispensable pour comprendre les conflits d'héritage qui vont peser sur la culture démocratique et la diviser. Alors que la raison critique refuse de juger par idées préconçues et vise à éradiquer les préjugés, la vie, au contraire, va imposer les siens (puisqu'ils servent des pulsions et des tendances vitales) pour apprécier ou condamner la raison (morale, scientifique ou politique) selon qu'elle en constitue un soutien ou un obstacle. La raison (et avec elle la morale et la science) doit être au service de la vie, et il faut l'y reconduire si elle oublie sa soumission originaire : vivre est, en effet, la seule finalité qui doive coïncider avec elle-même pour ne pas périr. La santé de la vie exige la soumission de la raison aux finalités que la vie elle-même donne à la vie. La vie est volonté de puissance, la vie est désir : « Des jugements, des jugements de valeur sur la vie ne peuvent en fin de compte jamais être vrais : ils ne valent que comme des symptômes, ils ne méritent d'être pris en considération que comme symptômes : car en soi, de tels jugements ne sont que des sottises » [1].

Le risque de mystification est patent : si la vie ordonne sans parler et sans raisonner, n'importe quel détenteur de pouvoir peut prétendre en imposer les buts au nom de l'interprétation doctrinale, idéologique ou même délirante qu'il réussit à imposer ; il est facile d'en instrumentaliser politiquement les buts pour se livrer à des génocides « justifiés » par une quelconque génétique des populations. Mais de telles récupérations, politiquement catastrophiques, ne procèdent que du mépris de l'humain et, en vérité, de la *perversion* de

---

1. Nietzsche, *Le crépuscule des idoles*, « Le problème de Socrate », § 2, trad. J.-C. Hemery, Paris, Folio-Gallimard, 1988, p. 24.

l'esprit critique. Or l'objectif véritable de la critique postmoderne est en réalité spécifiquement *culturel* et à long terme : c'est la raison moderne elle-même qui doit se diviser et se déchirer intérieurement pour faire place à une critique de deuxième type qui se donne pour tâche préalable la mise en question de ses principes critiques eux-mêmes, la mise en question de la morale d'honnêteté, d'impartialité et de transparence qui est l'inspiration première du rationalisme critique. Cette mise en cause des visées et méthodes rationnelles elles-mêmes devient l'objet d'un consensus intellectuel auquel on a donné le nom de « philosophies du soupçon ».

Soupçon sur les mots, en tant qu'ils sont les moyens de traduire ou de trahir la pensée, dans les sciences comme en politique. Lorsque Nietzsche identifie les mots dont nous nous servons à « des illusions dont on a oublié qu'elles le sont »[1], il enracine le langage dans l'innommable et le besoin de parler dans l'impossibilité de savoir. Dès l'origine, dans le flux rencontré de purs événements sensoriels, la transposition esthétique, métaphorique, des sensations en images fait de l'interprétation – poésie et non pas science –, l'unique rapport entre le sens et l'existence. Les concepts ne sont pas premiers mais derniers, effets secondaires d'une répétition d'images dont l'usure donne l'illusion qu'ils sont des concepts depuis toujours. La philosophie du soupçon se consacre au dévoilement de l'illusion de savoir dans tous les secteurs de la vie (affective, sociale, politique).

L'humilité doit supplanter l'ambition rationnelle. La philosophie cherche son assise, en deçà des sciences

---

1. Nietzsche, *Le livre du philosophe*, trad. A. Marietti, Paris, Aubier, 1969, p. 179.

constituées, dans l'intuition du caractère immaîtrisable de la vie, ce qui provoque une mutation de son rapport à la vérité : celle-ci n'est plus une conquête de connaissances, mais la pratique d'un désillusionnement volontaire. La lucidité change de sens : il ne suffit plus de surmonter les préjugés pour faire place à l'évidence, il faut reconnaître que l'intelligence peut devenir sa propre ennemie. La clarté des idées, la liberté de la conscience, les certitudes scientifiques peuvent elles-mêmes servir de caution à l'aveuglement et de ferment à de nouveaux préjugés si elles sont manipulées, exploitées par des forces politiques qui en font des illusions utiles. Au lieu du rationalisme conquérant des sciences de la nature, c'est le modèle de la médecine qui vient guider une pratique de déniaisement thérapeutique propre à déceler les symptômes de santé ou de maladie qui habitent une civilisation. La nouvelle raison philosophique s'attache à penser l'impensé en surmontant l'illusion d'objectivité rationnelle et en pratiquant volontiers le paradoxe et l'hermétisme (lorsque, par exemple, l'écriture est dévoilée comme phallocratique chez Derrida). Plutôt que d'alimenter une reformation de soi, la critique nouvelle procède à un renversement des valeurs : ce qui était « bon » devient « mauvais », ce qui était « mauvais » peut devenir « bon ».

Alors que la modernité des Lumières regardait l'avenir comme tiré en avant par un idéal commun de paix, de justice et de liberté, la philosophie du soupçon régresse méthodiquement jusqu'aux conditions de la naissance des erreurs, des mensonges, des illusions et des déviances. Elle se fait historienne (on la jugera historiciste) pour que la connaissance des erreurs passées fasse rempart contre toute illusion de transparence à soi-même. Cette suspicion ayant ses racines en Europe, c'est la pensée occidentale qui se trouve être le principal objet du soupçon, pour peu que son histoire, depuis les origines, puisse être simplifiée et réduite à la seule production des totalitarismes du XXᵉ siècle. Quand la modernité, l'humanisme, la technologie et l'économie capitaliste se trouvent liés dans le récit d'un même et catastrophique destin, l'autocritique permanente devra désormais s'imposer comme la culture des Européens de demain, l'ultime destin de la rationalité européenne. Pour jamais, les rêves d'unité et de réconciliation doivent être mis à bonne distance, soupçonnés qu'ils sont de nourrir une possible résurgence d'aspirations totalitaires. Une « déconstruction » permanente de ses idéaux enjoint la raison occidentale de reconnaître ce qu'elle méconnaît d'elle-même et vient lui révéler qu'à son insu elle est asservie à la technique (versant heideggérien) et au capitalisme (versant marxiste)[1].

C'est ainsi que la singularité de chacun, parce qu'elle est inimitable et incommensurable à celle des autres, devient une ressource nouvelle pour une émancipation nouvelle. Elle devient un principe de résistance, parce qu'elle ne peut être ramenée à l'identique, à ce qui est commun, à ce qui est conforme. L'égalité démocratique ne ramène plus au *même* mais renvoie au différent et à l'altérité, qui fait que chacun est l'autre d'un autre et qu'il place l'estime de soi (comme individu singulier) au-dessus du respect de soi (comme personne universelle). La singularité est exaltée comme un principe de résistance

1. Le même type de récit associe aujourd'hui dans la même continuité dominatrice et destructrice l'âge chrétien, l'âge républicain et l'âge managérial de l'histoire occidentale, P. Legendre, *Dominium mundi*, Paris, Fayard-Mille et une nuits, 2007, p. 28 et 29.

politique et de fécondité culturelle. Résistance politique, parce que la singularité, inassimilable, est l'acte de révolte et de contestation portée au niveau de la réalité jugée déterminante, celle des rapports de pouvoir qui organisent en dernier ressort les institutions humaines, y compris celle de la parole ; une force dominante est une certaine force de vie qui s'impose à une autre, qu'elle soumet ou manipule. La singularité est aussi fécondité, identifiée à une spontanéité inventive et à une unicité artiste, puisque ce n'est plus la raison qui est l'instance créatrice de sens, mais le désir. La singularité devient le modèle de tout contre-pouvoir, principe de révision et de transformation : repenser la prison au nom du prisonnier, la normalité au nom du déviant, la santé au nom du malade, le citoyen au nom de l'étranger[1]...

La singularité sert ainsi de contre-pouvoir à l'idéal d'autonomie ; le sujet moral est accusé de servir de prétexte à la domination des désirs : sur le plan individuel, le sujet moral est mis en cause au motif qu'il écrase, en chacun de nous, l'individu vivant et charnel ; il est accusé de servir de caution à l'exploitation de la nature, à l'empire de la technique sur le monde, le sujet moral ne faisant qu'intérioriser la domination scientifique du monde[2]. En termes nietzschéens : la personnalité morale est dénoncée comme instance autoritaire qui rétablit,

---

1. M. Maffesoli, *Le temps des Tribus*, Paris, La Table ronde, 2005, p. 195.

2. « L'humanisme de la tradition métaphysique a un caractère répressif et ascétique, qui s'intensifie d'autant plus que la pensée moderne de la subjectivité s'y modèle sur l'objectivité scientifique et en devient une pure et simple fonction », G. Vattimo, *La fin de la modernité*, trad. C. Alunni, Paris, Seuil, 1987, p. 47.

contre l'individualité sensible, le vieil idéal ascétique de la tradition métaphysique.

LA MODERNITÉ CONTRE ELLE-MÊME :
UNE FRACTURE CULTURELLE EN POLITIQUE

Mais on découvre aujourd'hui que la négation de soi d'une culture, bien plus qu'une remise en cause de ses présupposés, agit comme une menace d'autodestruction. Dans la réévaluation des critères moraux et culturels de la pensée occidentale, entre en jeu, bien sûr, un véritable travail scientifique : l'ethnologie ou la psychanalyse pensent l'homme au-delà de l'homme occidental et au-delà de l'individu bourgeois canonique pour prendre en compte l'animisme, le totémisme ou la psychose. Mais la mise à distance cesse d'être méthodologique et scientifique quand elle se présente ouvertement comme la mise en œuvre d'une contre-culture : la production intellectuelle se fait alors le porte-parole d'un choix clairement anti-occidental et anti-européen[1] ; elle entend dénoncer et pénaliser une culture tout entière, dont l'ambition rationnelle est identifiée à un impérialisme dont il faut contrecarrer le mouvement et les buts.

Que devient alors le bien moral en politique ? Il souffre, lui aussi, d'une brisure intérieure qui fracture, en quelque sorte, le progressisme, le progrès consistant désormais – ce n'est pas simple, on en conviendra – à

---

1. « J'ai le sentiment que toutes les tragédies que nous avons vécues, d'abord avec le colonialisme, puis avec le fascisme, enfin les camps d'extermination, cela s'inscrit non en opposition ou en contradiction avec le prétendu humanisme sous la forme où nous le pratiquons depuis plusieurs siècles, mais, dirais-je, presque dans son prolongement naturel. », Cl. Lévi-Strauss, Entretien avec Jean-Marie Benoist, Le Monde, 21-22 janvier 1979.

s'opposer au progrès, à le remettre en cause et même à le combattre. La nouveauté en même temps que l'étrangeté culturelle de cette situation est dans le reniement de l'essence même du progressisme occidental, à savoir l'anticipation d'une finalité morale créatrice de mobilisation politique. De manière continue, pourrait-on dire, chaque étape de la philosophie moderne de l'émancipation vient étendre à l'humanité entière le bénéfice de la liberté et de la dignité ; elle en change, certes, les moyens et les raisons, mais l'universalisme des buts se réaffirme et se régénère. Quand, par exemple, les Lumières donnent une interprétation morale à la finalité rédemptrice du christianisme, elles cherchent à ruiner un dogmatisme théologique qui donne le pouvoir à une minorité dominante. Dans son combat contre ce cléricalisme aristocratique, la morale humaniste en transpose la vitalité téléologique dans le domaine juridique en promouvant des politiques éclairées par la lucidité philosophique. Lorsque le marxisme, à son tour, récuse l'abstraction bourgeoise de cette émancipation trop formelle, il en redéploie la vitalité téléologique en version sociale, en érigeant la classe exploitée en classe rédemptrice du genre humain tout entier. Or c'est cette linéarité dialectique (ici sommairement retracée) d'une même trajectoire de l'espérance politique qui est précisément rejetée par la nouvelle critique, qui se pose en contre-culture de cette téléologie culturelle. Le christianisme, les Lumières et le marxisme sont renvoyés à la même illusion, inconsciemment pré-totalitaire (ce qui justifie, selon Jean-François Lyotard, d'identifier la postmodernité à la fin des grands récits). C'est ainsi que l'attaque terroriste du 11 septembre 2001 a pu être saluée comme un « heureux » événement anti-occidental[1]. La culture de la singularité s'affiche comme une contre-culture dont la fonction est de contester, freiner et contrarier la marche en avant du volontarisme moderne.

1. Jean Baudrillard a choqué et séduit à la fois en disant que tout le monde avait rêvé de la destruction du World Trade Center de New York : « La mission de l'Occident (ou plutôt de l'ex-Occident, puisqu'il n'a plus depuis longtemps de valeurs propres) est de soumettre par tous les moyens les multiples cultures à la loi féroce de l'équivalence (…) Ainsi encore l'Afghanistan. Que, sur un territoire, toutes les licences et libertés « démocratiques » – la musique, la télévision ou même le visage des femmes – puissent être interdites, qu'un pays puisse prendre le contrepied total de ce que nous appelons civilisation – quel que soit le principe religieux qui soit invoqué, cela est insupportable au reste du monde « libre ». », J. Baudrillard, *La violence de la mondialisation*, Le Monde Diplomatique, novembre 2002.

CHAPITRE III

LES INJUSTICIABLES

La cohabitation de deux modèles antagonistes d'individualité, produits de deux schémas d'émancipation en conflit, finit par mettre la société démocratique en état de souffrance. Il en est ainsi de la crise de l'autorité qui atteint les institutions publiques, et notamment l'école. Ce qui, après bien des années, est vécu comme une déroute, s'est d'abord présenté comme un mouvement d'émancipation des enfants vis-à-vis de la tutelle parentale et de la tutelle scolaire. Depuis lors, la difficulté d'élever les enfants, parfois diagnostiquée comme leur inéducabilité post-moderne, est devenue un fait de culture qui participe de la civilisation démocratique elle-même. Devant le dilemme de faire cohabiter l'idéal d'autonomie et le culte de la singularité, la famille semble s'être résolue à des négociations interminables avec l'enfant, tandis que l'école choisit de soumettre à des évaluations permanentes les enseignés et les enseignants.

INÉDUCABLES ?

La grande tâche de l'éducation est de conduire l'adolescent à l'autonomie intellectuelle et morale, au pouvoir de devenir son propre maître par la connaissance et la culture, l'autonomie étant la capacité de s'imputer à soi-même la responsabilité de ses succès et de ses erreurs : « apprendre à penser par soi-même » pour renoncer à penser dans le conformisme et la servilité. Les années d'après-guerre, on l'a vu, ont suspecté l'autonomie d'être bourgeoise, de répandre une culture de classe et de fabriquer un homme domestiqué, résultat d'une invention subtilement manipulatrice du pouvoir. Il fallait donc une émancipation au deuxième degré : se libérer de l'autonomie elle-même, à quoi servit le culte de la singularité : inimitable, l'originalité personnelle est ce qui peut faire rempart à tous les pouvoirs, qu'ils viennent de la politique, des hôpitaux, des entreprises et, pour commencer par le commencement, de l'école. Cette pratique émancipatrice se poursuit sur le mode du culte de la diversité : diversité irréductible des singularités ethniques, sexuelles, générationnelles.

Parents et enseignants ont cru en toute bonne foi qu'il convenait de valoriser la singularité de l'enfant pour encourager son autonomie. Mais le but ni l'enjeu ne sont culturellement les mêmes. L'autonomie a vocation à nantir l'enfant d'une personnalité dont la valeur juridique et morale est égale à celle de tous les autres ; elle suppose un arrachement à la particularité de chacun, à ses goûts, à ses appartenances politiques ou religieuses. En revanche, la politique de singularité privilégie la dynamique des appétits et des émotions, parce qu'on les estime propres à rendre les individus créatifs et artistes. Ce qui n'est pas faux, à condition de reconnaître que cette capacité de transformer ses émotions en puissance de création n'est pas une activité sauvage, ni irrationnelle, mais résulte bel et bien d'une éducation.

C'est donc dans la meilleure des intentions que s'est installée la confusion entre autonomie et singularisme. Avec des dérapages parfois très dommageables (certains parents ont refusé d'apprendre la propreté à leur enfant pour éviter tout refoulement – on regardait Freud comme un libérateur et non comme un thérapeute –). Or c'est, pour l'enfant, un paradoxe étrange de voir ses proches inverser le rapport d'asymétrie au nom de leur amour pour lui et de le couronner Enfant-Roi. L'enfant-roi affiche son insolence, sa supériorité dans le maniement de l'outil informatique, son indifférence aux grandes choses, son imitation trop parfaite d'adultes vaniteux, son inculture durable et son inéducabilité en apparence irrémédiable... Mais cet être suffisant et désagréable n'est-il pas, au fond, le produit d'un imaginaire, en ce qu'il n'est pas tant aimé pour lui-même que pour ce qu'il représente : le succès que nous n'avons pas connu ; la chance que nous n'avons pas saisie, la haine que nous n'avons pas assouvie, la carrière que nous n'avons pas accomplie ? Il lui arrive de singer lui-même, jusqu'à la caricature, l'imaginaire qu'on lui fait incarner. Quand cela devient insupportable et qu'il est réprimandé, il crie à l'injustice car il saisit bien qu'on récuse alors le simulacre qu'il *représente* face à la réalité qu'il *est*, mais sans pouvoir la reconnaître. L'enfant-roi ne sait incarner qu'un seul rôle : le sien, un scénario figé qui détruit sa propre aptitude à l'inventivité symbolique.

L'individualisme adolescent, à l'âge numérique, s'investit dans des pratiques isolationnistes (ordinateurs, tablettes, téléphones mobiles) qui rendent visible le fait que la séparation l'emporte sur la continuité entre l'autonomie et le singularisme. Eduquer les enfants est tout simplement devenu une épreuve; l'émancipation a imposé un individualisme désormais irrépressible : chacun vit dans son monde de SMS, chacun veut une formation à la carte, parfois même des examens à la carte; le mouvement de libération des enfants, originairement hostile au consumérisme, a fini par en devenir le pourvoyeur (les enfants sont des moteurs puissants d'addiction marchande); souvent, la réussite est considérée comme un dû (l'héroïsme scolaire fait souvent place au cynisme scolaire; et il faut payer cher les écoles où l'on apprend l'art de réussir dans les stratégies de gestion et de communication); sans oublier les réussites sociales spectacularisées par les médias pour leur démesure en matière de rétribution financière.

La politique de l'individu, dans le domaine de l'éducation, a suivi globalement le mouvement des mœurs, le progressisme souhaitant rapprocher l'école, au nom de la vie, de la vie réelle; mais la vie réelle étant celle des combats inégaux, se reproduit dans l'école l'inégalité des acteurs telle qu'elle existe dans la vie. Un certain fétichisme singulariste promeut ainsi une école de la réalité brute, celle de l'échec des plus mal lotis par la naissance culturelle. La démocratisation l'emporte sur la républicanisation, l'égalité républicaine étant fondée sur le dépassement des singularités; on sait pourtant qu'une femme, un homme de couleur ou un étranger ne sont « sauvés » par l'école que par ce qu'ils ont en commun : leur intelligence et leur capacité d'autonomie. La singularisation des situations induit au contraire une séparation des destins : donner une chance aux femmes *contre* la masculinité, une chance aux migrants *contre* les citoyens, une chance aux « différents » *contre* les

« semblables » en politisant les outils pédagogiques, c'est présupposer que ces individus ne partageront jamais aucun destin collectif et qu'ils n'ont aucun combat futur à mener ensemble. Donner des possibilités d'action à ceux qui en sont dépourvus, à cela chacun ne verra que justice car cela est d'ordre social (en fait de droits, de redistribution et de rétributions), mais ce n'est pas d'ordre *pédagogique*. Il arrive que l'on cherche à compenser la pauvreté ou l'isolement d'un élève en lui accordant de bonnes notes, mais sans voir l'absence de considération que cette complaisance recouvre, et sans savoir que c'est lui interdire la lutte qui lui est nécessaire pour trouver sa propre place et ne devoir son succès qu'à lui-même. Ainsi, la démocratisation des chances, quand elle se fait démagogique et non plus politique, récuse l'autorité morale de l'idéal démocratique lui-même. Croire spontanément que la démocratie de masse doit se fonder sur un individualisme de masse joue en faveur d'une orientation pragmatiste, instrumentale et nivelante de la démocratisation des chances. C'est propager l'illusion de la supériorité de l'opinion sur le savoir, de la production sur la création, de la banalisation sur l'admiration, du commun sur le rare etc. Dans tous les cas, il faut combattre la distinction, ce qui est « distingué » étant soupçonné de faire tort à la démocratisation des mœurs.

JUSTICE CONTRE JUSTICE

La justice est un domaine où la lutte de la singularité contre l'universalisme de l'autonomie a secrété une politisation accrue des positions adverses, et, partant, un manichéisme politique qui empêche, en définitive, de comprendre et affronter les changements en cours.

La judiciarisation et la médiation sont des pratiques qui correspondent à l'avènement d'une nouvelle culture juridique : le passage d'une justice imposée à une justice négociée. Mais la judiciarisation de la société est elle-même ambivalente : elle développe une dynamique des droits individuels qui tout à la fois naît et souffre d'une crise de confiance dans les institutions. Quand on dit que la société civile l'emporte sur l'État, on signale à la fois une individualisation de la création du droit et une défiance généralisée des citoyens à l'égard de la justice.

Pour un philosophe de l'Antiquité comme Platon, la justice ne saurait être au service de l'intérêt d'un groupe, que ce soit la classe des penseurs, des militaires ou des producteurs ; c'est leur harmonie qui est la justice. La justice établit la coexistence entre les groupes, entre les fonctions et entre les classes ; elle est le ciment du vivre ensemble selon des normes acceptées par tous. Pour un philosophe moderne comme Rousseau, la justice représente l'autorité morale de la loi, qui intègre les volontés individuelles dans le corps politique. Une sorte de mystique de la volonté générale marque encore la pensée sociale du début du XXᵉ siècle ; la puissance morale de la loi, explique Durkheim, arrête les passions parce qu'elle permet de satisfaire la liberté en limitant l'anarchie désordonnée et insatiable des désirs ; elle unit l'individu au groupe, réussissant une sorte d'individualisation par socialisation. Un philosophe d'aujourd'hui estimera que la justice consiste à se mettre au service de la démocratie. Mais il se verra aussitôt contraint de constater l'existence d'un conflit au sein même des attentes escomptées d'une justice qui se veut démocratique, et que c'est moins le sentiment du juste que la peur de subir une injustice qui en devient le ressort, ressort doté d'une nouvelle élasticité qui fait craindre une sorte d'illimitation passionnelle. Le sentiment d'injustice s'alimente d'une multiplicité de peurs, peur de l'erreur médicale, peur de l'échec scolaire, rejet de l'imprévisibilité en contexte militaire et rejet de l'infaillibilité dans le contexte juridique lui-même, autant de symptômes d'une sensibilité démocratique qui finit par identifier toute forme de souffrance à une injustice. Si bien que la justice pourrait bien finir par être malade d'une hypertrophie du droit.

Favoriser la singularité des demandes, c'est vouloir que le droit suive l'émancipation des mœurs, grâce à une flexibilité qui lui permette de se construire en fonction des besoins, des rapports de force et de la mobilité des situations, suivant la fluidité du réel, la versatilité des marchés, des goûts et des mouvances. Une position qui se présente comme « progressiste » au sens où elle encourage l'entrée du droit dans un âge postmoderne, synonyme de pragmatisme, de relativisme, de préférence pour la négociation et le compromis. Il revient au droit de se mettre au service de ce qui change. Relativiste et utilitariste, il se met en accord harmonie avec les mutations des sociétés postindustrielles, il fournit à l'économie la sécurité juridique qui lui est nécessaire[1] et laisse une plus grande initiative aux acteurs.

Mais, d'un autre côté, l'autorité de la loi exige que le droit résiste à un postmodernisme dévoreur et déstabilisateur et qu'il soit le gardien de l'intérêt collectif, qui consiste dans la préservation de l'unité du corps social, de l'égalité des justiciables, du partage et de la transmission de valeurs communes. La capacité d'auto-

---

1. J. Commaille, *Normes juridiques et régulation sociale*, « Droit et Société », Paris, LGDJ, 1991, introduction, p. 15.

imputation ne change pas, quel que soit le changement des mœurs, et cette responsabilité des acteurs ne doit pas se dissoudre sous les pressions individualistes.

Ce sont là deux dispositions qui peuvent être regardées comme des témoignages ou des symptômes d'un problème de société qui doit se résoudre démocratiquement, la tâche étant de savoir intégrer le changement dans un monde commun durable. Toutefois, la radicalisation politique de l'opposition engendre la crispation, l'exaspération et la caricature, les questions touchant la justice servant de motifs à une montée aux extrêmes. Peut-être est-ce parce que le droit est devenu « le dernier accès collectif au monde » [1], à ce qui peut ressembler à un bien commun, qu'il fait l'objet d'instrumentalisations rivales.

Le caractère inconcevable de certaines formes de violence (que des adolescents torturent à mort un SDF), la médiatisation des scandales sexuels (affaires de pédophilie ou de viols collectifs) et une certaine guerre des signes dans l'espace public (l'affrontement entre communautés par symboles interposés à l'intérieur de l'école ou des milieux professionnels) conspirent à dresser l'un contre l'autre le défenseur du bien et le partisan du meilleur. Le premier accusera le second de démoraliser la vie publique, de dégrader la tolérance en assistance, la compassion en marginalisation, l'altruisme en un « altérisme » (ou hétérodoulie) qui sacralise le culte du lointain au détriment de la solidarité avec le prochain. Le second, reprochant au premier de confondre rigueur et répression, réparation et exclusion au risque de se faire le zélateur d'une justice pénale jugée

1. A. Garapon, D. Salas, *La justice et le mal*, Paris, Odile Jacob, 1997, p. 205.

archaïque et prémoderne, réduira le républicanisme à une disposition totalitaire et le taxera de populisme, attitude primaire et réactionnaire… Ainsi s'installe une logique du complot, où il s'agit de désigner l'ennemi, en l'occurrence l'ennemi intérieur, le faux-frère, le traître. Le manichéisme simplifie tout.

Ces positions se dualisent dans une opposition figée entre, d'un côté, une justice « sauvage » (au sens où la sensibilité et l'individualité ne s'expriment que par la révolte contre la loi), et, d'un autre côté, une justice « barbare » (au sens où la loi s'exprime exclusivement par la domination ou l'écrasement de la sensibilité et de l'individualité), dualisme utilisé par Schiller dans ses *Lettres sur l'éducation esthétique de l'humanité*. Dans la terminologie contemporaine, on verra une infernale réciprocité entre la relativisation et la fondamentalisation de positions adverses, l'une se relativisant contre le fondamentalisme supposé de l'autre, cependant que le relativisme veut contrarier le fondamentalisme qu'il impute à l'adversaire. Au point que chacune finit pas se rendre odieuse à tous : la posture pragmatique, parce ce que son indifférentisme aboutit à identifier tout progrès des mœurs à une défaite de la morale, et la posture conservatrice, parce qu'elle finit par donner l'illusion qu'il est possible de produire la vertu par la force. Cette exaspération perturbe la relation du public à la justice au point de susciter un sentiment d'impuissance qui tient à la peur de ne pouvoir jamais se justifier, faute de la maîtrise des mots et des codes qu'on n'apprend pas à l'école, à la peur d'être condamné faute d'être entendu, non pas condamné juridiquement, mais culturellement, parce qu'on est déjà catalogué et classé par ce qu'on pourrait qualifier de culture de la division[1]. La judiciarisation, qui tend à recourir à la sanction comme solution des conflits entre les individus et les institutions, n'apaise pas les relations sociales, mais contribue à installer une société de contrôle généralisé par une surveillance individualisée, au cas par cas. C'est pour se prémunir contre la judiciarisation que les médecins se protègent par des contrats d'assurances multiples et qu'ils font signer des décharges à leur patient avant d'accomplir certains actes médicaux majeurs ; la judiciarisation se nourrit ainsi de la judiciarisation elle-même ; on finit par recommander la judiciarisation des professions (l'école, la santé, récemment l'armée) pour les protéger de la judiciarisation.

Ces comportements sont des manifestations de défiance à l'égard de la démocratie. Faire un recours systématique à la judiciarisation, c'est douter que la vertu démocratique soit vraiment pratiquée et soupçonner les individus d'être plus ordinairement cupides, égoïstes, tricheurs et menteurs que vertueux. La menace de judiciarisation est parfois utilisée comme moyen de chantage, pour faire pression sur des individus qui occupent des postes clés dans des organisations publiques ou privées. A l'inverse, la peur de la judiciarisation a pour effet de produire des comportements de fuite[2] ou de renoncer à

1. « Toute nation est divisée, vit de l'être. Mais la France illustre trop bien la règle : protestants contre catholiques, jansénistes contre jésuites, bleus contre rouges, républicains contre royalistes, droite contre gauche, dreyfusards contre antidreyfusards, collaborateurs contre résistants. La division est dans la maison française, dont l'unité n'est qu'une enveloppe, une superstructure, un pari », F. Braudel, *L'identité de la France, Espace et histoire*, Paris, Champs-Flammarion, p. 116.

2. Par exemple, « « un infirmier suspecté depuis des années du meurtre de plus de quarante patients, sévit encore d'hôpitaux en

agir. Le rapport à la démocratie change : on demande
à la démocratie de soutenir, au nom de l'impératif de
transparence, le droit au soupçon, à la méfiance et à la
surveillance ; une éthique démocratique qui n'encourage
donc pas la confiance mais qui légitime la défiance [1].

Les juristes, tout comme les sociologues du droit,
observent la destitution progressive de l'État de droit
comme transcendance unificatrice, créatrice d'un corps
politique de citoyens, au profit de la montée en puissance
de la société civile comme source plurielle « d'une
multiplicité de lieux de production et de gestion de la
norme juridique » [2]. La réalisation de l'unité collective
comme mode d'action de l'autorité de la loi cèderait ainsi
la place à une production plurielle, individualisée et à une
gestion multiple des normes juridiques. S'il existe bien
une demande accrue du droit, ce n'est plus l'autorité de
l'État, mais la prétention des individus à l'autosuffisance
que cette demande manifeste, observe Marcel Gauchet [3].
C'est à ce titre que s'ajoute à l'exigence d'impartialité de
la justice la demande nouvelle de son efficacité, conçue
comme un gain de temps et une plus grande proximité vis-

hôpitaux, parce que ses anciens employeurs, craignant le contentieux,
ont pour politique de ne pas stigmatiser leur personnel par de mauvaises
appréciations professionnelles », Philip K. Howard, *Life Without
Lawyers : Restoring Responsibility in America*, New York, Book review
by Andrew Jay Mc Clurg, Social Science Research Network, 2010.

1. « La transparence risque de fournir ses bases intellectuelles à
une nouvelle forme de populisme ; pire, de précipiter la démocratie
dans trois contradictions : l'impasse d'un monde sans symbolique,
l'illusion de la démocratie directe et l'impossibilité de la transparence
totale », A. Garapon, *Bien juger. Essai sur le rituel judiciaire*, Paris,
Odile Jacob, p 267-269.

2. J. Commaille, *Normes juridiques et régulation sociale*, *op. cit.*

3. M. Gauchet, *La religion dans la démocratie*, Paris, Gallimard,
1998, p. 115.

à-vis des justiciables, rendant la justice plus transparente, plus accessible et plus rapide, selon les recommandations de la *Commission européenne pour l'efficacité de la justice*. La volonté d'économiser le temps renvoie à un phénomène de civilisation autant qu'elle répond à un souci financier, c'est une manière de faire jouer à la justice une fonction de régulation sociale. Mais faire de l'urgence une vertu encourage « l'activisme, l'action rapide, immédiate, fébrile, jouant nerveusement de tous les objets technologiques de la simultanéité, ainsi que du registre de l'émotion qui souvent l'accompagne » [1]. D'un côté, l'individu se comporte à l'égard de la justice comme à l'égard de l'école en client d'entreprises publiques faisant fonction de prestataires de services, de sorte que l'idée même de « service » se dissout dans l'octroi d'un bénéfice privé, de l'autre, la gestion de l'efficacité se révèle elle-même inefficace, complexe, lourde et déshumanisante [2], qu'elle décourage et conduit, pour finir, à se résigner à l'idée de demeurer « injusticiable ».

LA DÉCULTURATION MORALE EN POLITIQUE

Dans les pays d'Europe s'est largement répandu le sentiment que l'exercice du pouvoir se technocratise et tend à s'identifier à un règne d'experts quand l'économisme impose le règne de la performance comme un impératif matériel majeur. Or ce qui choque le plus

---

1. A. Garapon, *Bien juger. Essai sur le rituel judiciaire, op. cit.*, p. 222.

2. J.-P. Delevoye, dans son rapport de Médiateur de la République du 21 mars 2011 observe que ces frustrations portent les citoyens à opter pour un pouvoir populiste fort.

profondément dans ce constat, c'est le sentiment que l'impératif de performance n'a nul besoin de morale.

Lorsque Voltaire fait l'éloge du travail, Tocqueville l'éloge du commerce, Condorcet l'éloge de l'instruction … ils montrent comment la liberté, l'activité et la solidarité sont inséparables d'un certain nombre de vertus ; moralité et vie publique sont liées. Le libéralisme classique comporte un sens moral, qui veut que la liberté personnelle s'associe à la justice, au courage, au labeur et à l'honnêteté. Tocqueville explique que les Américains combattent l'individualisme par « la doctrine de l'intérêt bien entendu », autrement dit, que l'utilitarisme corrige l'individualisme. L'intérêt bien entendu est un « amour de soi éclairé », l'intérêt de chacun pouvant profiter à l'intérêt bien entendu des autres. Ainsi, l'intérêt bien compris est une manière de relier les individus les uns aux autres et de limiter l'égoïsme car il « retourne l'intérêt personnel contre lui-même et se sert, pour diriger les passions, de l'aiguillon qui les excite »[1].

Les fondateurs du socialisme, en France, font de l'association entre l'individualité et la collectivité une valeur morale. Pour Léon Duguit, la solidarité sociale a vocation à supprimer le conflit entre un individualisme asocial et un étatisme anti-libéral. Il est possible d'offrir un accomplissement à la liberté individuelle grâce à une conception organique et solidariste de la société : « l'homme se sent d'autant plus homme, il est en effet d'autant plus homme qu'il est plus associé"[2]. Contre la toute-puissance de l'État, l'individualisme véritable

1. A. de Tocqueville, *De la démocratie en Amérique*, tome 2, chap. VIII, Paris, GF-Flammarion, 1981, p. 155.
2. L. Duguit, *L'État*, Paris, Bibliothèque de l'histoire du droit et des institutions, 1901, p. 61.

n'est pas celui de droits subjectifs séparatistes, mais celui de l'individu socialisé. Ainsi, la morale n'est pas simplement une somme de normes contraignantes, elle est aussi une culture de la vie en société, une dynamique personnellement collective et collectivement personnelle ; la substance éthique de l'État est faite de la libre transformation de l'égoïsme naturel en liberté politique.

Or il est patent que l'individualisme contemporain s'est émancipé, autonomisé et, d'une certaine façon, démoralisé en perdant son lien culturel à la vie publique. La responsabilité en est attribuée à la mue du libéralisme en « néolibéralisme », dont le doctrinarisme radical répudie l'existence même d'un intérêt collectif qui soit supérieur aux individus[1]. Mais les politiques sociales socialistes se concentrent également sur l'individualisation de l'individu bien plus que sur sa socialisation, prenant acte de ce que l'individu demande à la collectivité un épanouissement personnel et une individualisation croissante de ses satisfactions, l'assistance devenant l'instrument d'une sorte d'individualisme de masse. Impossible de regarder autrement que comme un changement de culture politique cette divergence entre la morale privée

1. « Pour l'homme libre, la nation ne se propose aucun but propre, sinon celui qui résulte de l'addition des buts que les citoyens, chacun de leur côté, cherchent à atteindre ; et il ne reconnaît d'autre dessein national que la somme des desseins individuels. », M. Friedmann *Capitalisme et liberté*, introd., trad. A. M. Charno, Paris, Robert Laffont, 1971. Chargé de la professionnalisation de l'armée par le président Nixon, Milton Friedmann affirmait que le mercenariat, seul, est propre à l'homme libre sur le plan professionnel, et à plus forte raison, au soldat, comme l'explique John Christopher Barry, dans « Le "boulanger" d'Adam Smith, ou la chimère néolibérale. Du citoyen-soldat au mercenariat universalisé », dans *Armées privées, armées d'État, Études de l'IRSEM*, 2 (2), p. 255 à 274.

et la morale publique. Plus qu'un changement doctrinal, il s'agit d'un changement de gouvernementalité, au sens donné et analysé par Foucault. Le pouvoir d'État se met en quelque sorte lui-même au service de la société civile et choisit de tenir sa propre réussite du succès de sa stratégie économique. Au lieu de l'autorité d'un État qui domine, on a affaire au pragmatisme d'un État qui gère. Le capitalisme s'auto-transformerait ainsi en passant d'une économie de marchandise à une économie d'entreprise et en identifiant la politique sociale à une gestion de la vie personnelle : « Ce qu'on cherche à obtenir, ce n'est pas une société soumise à l'effet-marchandise, c'est une société soumise à la dynamique concurrentielle. Non pas une société de supermarché – mais une société d'entreprise. *L'homo oeconomicus* qu'on veut reconstituer n'est pas l'homme de l'échange, ce n'est pas l'homme consommateur, c'est l'homme de l'entreprise et de la production »[1]. La montée de l'individualisme s'expliquerait alors par la substitution de la figure de l'individu « entrepreneur de soi » à celle du consommateur passif à l'âge de la production de masse. Au principe de cette nouvelle gouvernementalité, qualifiée de « biopolitique », il y a ce phénomène décisif que l'institution ne reconnaît, dans le citoyen, que le calcul de son propre intérêt, qu'elle le protège, le garantit et l'encourage, le pouvoir s'exerçant désormais par le moyen même de cette motivation individuelle ; les individus sont les vecteurs, candides ou cyniques, du pouvoir en tant que processus consommateur de vie, de sécurité, de richesse, de puissance, d'aisance, de bien-

---

1. M. Foucault, *Naissance de la biopolitique, Cours du Collège de France 1978-1979*, Paris, Gallimard, 2004, p. 153.

être etc. Cette valorisation de l'autogestion individuelle répond à une politique de la vie dans laquelle la qualité productive des individus induit une gestion de leur formation, de leur santé et de leur psychologie. Foucault envisage même une gestion du capital génétique des individus [1].

Aussi la démocratisation des mœurs s'éloigne-t-elle de la citoyenneté républicaine : l'intérêt commun, la transcendance d'une loi qui vaut pour tous, l'aptitude de chacun à mettre entre parenthèses ses attaches familiales, ses appartenances nationales, régionales, religieuses ou ethniques sont en repli. La légitimité politique de l'État change de sens : il ne lui est plus demandé d'être au-dessus des rapports de force et d'influence qui opposent les individus, les groupes et les minorités, il lui est demandé de les traiter avec les mêmes égards et la même attention, de leur donner une place égale dans l'espace public. L'*homo democraticus* entend jouir de droits politiques (vote, liberté d'expression), sociaux (droit à l'instruction, à la santé, aux loisirs), culturels (droit d'adopter la religion de son choix et d'afficher son appartenance en toute sécurité), chacun doit pouvoir être traité selon la valeur qu'il s'attribue ; la satisfaction des aspirations morales privées de chacun s'impose peu à peu comme une revendication que la démocratie doit s'employer à satisfaire. Dans la « démocratie providentielle » *le social*

---

1. « C'est-à-dire que l'on va ainsi arriver à toute une analyse environnementale, comme disent les Américains, de la vie de l'enfant, que l'on va pouvoir calculer et jusqu'à un certain point chiffrer ; en tout cas que l'on va pouvoir mesurer en termes de possibilité d'investissement en capital humain (…) On peut faire de la même façon l'analyse des soins médicaux, et d'une façon générale de toutes les activités concernant la santé des individus », *Ibid.*, p. 236.

remplace le politique, car à une demande politique (être un citoyen de la vie démocratique) est donnée une réponse sociale en vue de préserver un lien commun. Pour faire du « commun » en politique, une même assistance (sociale) est offerte aux divers intérêts *communautaires* (le respect des identités). « La démocratie providentielle favorise les revendications particulières des individus et des groupes cherchant à faire reconnaître leurs intérêts personnels et leur « identité » propre, éventuellement aux dépens de l'intérêt général »[1]. Il n'en demeure pas moins que le nouveau providentialisme démocratique est menacé par lui-même d'échec politique et moral, car la frustration individuelle s'étend aussi loin que les satisfactions sociales escomptées de l'utopie providentialiste. Si elle doit assurer le confort moral autant que le bien-être physique définis par chaque individu, l'insatisfaction devient le véritable moteur de l'égalisation des conditions et la démocratie se condamne à décevoir...

L'insatisfaction ainsi perpétuée par l'auto-illusion des citoyens autant que par les promesses intenables du pouvoir donne l'image d'une vie politique assise sur l'imposture. Le sentiment d'une démoralisation générale de la vie publique est par ailleurs conforté par le scandale d'hommes politiques pris en flagrant délit de mensonge. En l'occurrence, ce n'est pas tant la jouissance tirée d'une position dominante qui choque (cela ne trahit jamais qu'une cupidité personnelle) que l'indifférence affichée à l'exemplarité publique d'une fonction. Le mensonge est condamné moins par ce qu'il cache (une fraude) que par ce qu'il révèle : la réduction de la vérité

1. D. Schnapper, *Qu'est-ce que l'intégration?*, Paris, Folio-Gallimard, 2007, p. 198.

à une illusion collective. Le phénomène est inséparable de l'empire de la communication, c'est-à-dire du recul de l'exemple (registre moral) au bénéfice de l'image (registre communicationnel). Dans une société de communication, il faut créer de la croyance publique en unissant les esprits dans un même imaginaire fédérateur. L'image doit être plus vraie que la réalité pour être crédible, et il faut un *design* particularisé qui conjoigne illusoirement le bien, le vrai et le beau dans la même personne. Ainsi est créée la croyance du public dans l'efficacité de certains langages, de certaines méthodes, de certains choix de consommation, voire de certaines pratiques déontologiques.

S'ensuit une dérive qui consiste à faire préférer la crédibilité à la réalité elle-même. Mis en demeure d'avouer une fraude, un responsable politique commence évidemment par nier les faits, car il faut d'abord sauvegarder la croyance du public et de son parti dans l'image de sa sincérité plutôt que la confiance dans les faits réels, qui montrent crûment un être dominé par l'esprit de profit personnel. S'agissant de personnalités dont la réputation scientifique ou morale est devenue bien plus réelle que leur mérite véritable (puisqu'elle est tenue pour vraie par toute une communauté), le mensonge sert à cautionner la crédibilité contre les faits. D'où le paradoxe : c'est parce que la vie publique a besoin de crédibilité que le mensonge est roi : il assure la prévalence du vraisemblable sur le réel et de l'illusoire sur la médiocrité des faits.

Pourquoi ces comportements sont-ils imputés à l'*individualisme* (fait culturel particulier) plutôt qu'à l'*égoïsme* (disposition naturelle générale) ? Sans doute parce qu'ils marquent l'âge dit post-moderne de la culture démocratique. Quand l'impératif d'efficacité instaure une culture du résultat qui fait du succès tout à la fois le but et le moyen de sa propre reconduction, sans aucun besoin de justification morale spécifique, la subjectivisation toujours plus grande des figures de la subjectivité est une raison politique d'agir qui fait oublier l'impersonnalité mécanique du processus. Mais cette réduction de la morale à des choix strictement personnels signifie que l'individu ne représente plus que lui-même en se dégageant du devoir d'être une valeur publiquement exemplaire. Quand la singularité des comportements importe plus que leur signification collective, l'engagement, la sincérité, la fidélité, l'honnêteté etc. et toutes les vertus de façon générale, y compris la générosité et le sens du sacrifice, ne sont plus perçus que comme des *choix subjectifs*, comme l'expression d'un goût ou d'une disposition personnelle simplement contingente. Même dans les engagements proclamés d'un homme politique, le public ne voit plus que des options individuelles ; il peut bien affirmer sa fidélité au républicanisme, afficher son militantisme en faveur de l'égalité et sa volonté d'améliorer les perspectives d'avenir, ses positions sont regardées comme des choix privés, liés à un caractère, à ses goûts et à des circonstances ; semble avoir disparu la force de transcender les divisions partisanes et de doter la politique de la puissance d'inspirer et d'unir. Les joutes oratoires entre candidats prennent l'allure d'une épreuve sportive (épuisante) entre « champions » potentiels d'un match à gagner plus que d'une rencontre entre la politique et le peuple.

De la même façon, se détériore la vision que l'individu se donne d'un autre individu quand elle renvoie spéculairement à la bassesse que chacun suppose aux raisons d'agir de l'autre. Quand l'envie de ce que possède autrui n'est excitée que par la conviction de son incapacité à le mériter, chacun méprise autrui à proportion de la médiocrité de sa propre évaluation. Quand l'individualité ne représente rien d'autre que la singularité d'un itinéraire personnel, d'un héritage familial et d'un statut social à préserver, quand elle est encouragée à se réduire à sa pure factualité et parfois même à se complaire au spectacle de ses propres déficiences (« il faut s'accepter comme on est »), elle se vit sur le mode d'une autojustification existentielle qui sert de mesure et de légitimité à ses rapports aux autres. Chacun a toujours une raison valable de ne vivre que pour soi et de lutter pour éviter que le changement profite à un autre. Chacun auto-légitime son espoir de tirer avantage de l'inégalité qui pèse sur tous et sa propension à dénoncer comme injuste l'inégalité dont il ne tire aucun bénéfice. Des récits de vie égocentrés se rejoignent ainsi dans une égale banalité, et l'addition de singularités déliées n'engendre finalement qu'un ennui collectif.

CHAPITRE IV

L'INDIVIDUALISME, NOUVEAU TOURNANT ET REFONDATION

Toutefois, l'individualisme singulariste tend à perdre sa dynamique contre-culturelle sous le poids de ses excès et de ses faiblesses ; la désolidarisation sociale devenant à son tour un fait culturel dominant, les tenants du singularisme se livrent eux-mêmes à la critique de l'individualisme ; d'un autre côté, la réalité économique tendant à assimiler, pour ainsi dire, le singularisme en transformant sa motivation contestatrice en moteur d'innovation, le besoin de redonner une valeur publique à la liberté personnelle devient prioritaire. Mais dans cette tâche, les politiques de l'individu affrontent de redoutables contradictions.

UN MONDE DE CÉLIBATAIRES

L'individualisme est notoirement contesté pour son rôle moteur dans la société de consommation. Attentif au détail des multiples modalités du bien-être, il favorise la « marchandisation » de l'éducation, de la santé, des loisirs, de la qualité de vie de manière générale, au sens il effectue leur privatisation dans un capital personnel cumulateur des bienfaits du progrès technologique.

La politique sociale se concentrant désormais sur la particularisation des modes de satisfaction, la mise en garde tocquevillienne touchant la « passion » égalitaire en démocratie trouve de nouvelles illustrations, vérifiant ainsi que l'égalisation des conditions ne rapproche pas les hommes, mais tend à les isoler, l'indépendance individuelle étant confondue avec le refus d'entretenir des liens avec autrui[1]. L'égalisation, socialement comprise comme une jouissance individuelle de bienfaits collectifs, engendre effectivement une apathie destructrice du lien politique. Replié sur le confort de sa vie privée, l'individu abandonne la lutte pour la liberté et se contente de laisser la politique à des gestionnaires, pourvu que ceux-ci les laisse vaquer à leurs affaires privées[2]. Apathie et dépolitisation du lien social vont alors de pair. Certes, la vie privée est dominée en permanence par le souci, mais le souci de ses intérêts propres n'est pas un « souci de soi » au sens critique que Foucault voulait lui donner. Quand le souci de trouver la meilleure école, le meilleur hôpital, la meilleure maison de retraite et de préserver des avantages acquis occupe l'essentiel de la vie, la fonction originairement critique du singularisme s'épuise et s'éteint. Le sens de la lutte demeure, mais l'individualisme protestataire (lutte « contre », contre l'abus) succombe à l'individualisme possessif (lutte « pour », pour soi-même). Le singularisme contestataire était principalement dirigé contre le pouvoir, et plus

1. « La démocratie porte les hommes à ne pas se rapprocher de leurs semblables », A. de Tocqueville, *De la démocratie en Amérique*, tome 2, chap. IV, Paris, GF-Flammarion, 1981, p. 130.

2. « Que ne peut-il leur ôter entièrement le trouble de penser et la peine de vivre ? », A. de Tocqueville, tome 2, chap. VI, *op. cit.*, p. 385.

exactement contre l'illusion que le pouvoir fait toujours le bien du peuple. Par sa pratique du soupçon à l'égard des politiques, des élites et de leur reproduction institutionnelle, l'intellectuel engagé voulait se mettre au service d'une liberté de penser qui délivrerait de l'obéissance passive et indifférente, laquelle finit par se rendre complice des injustices d'État : il importait donc que la vertu civique fût éclairée pour que le « courage de la vérité » donne la force de résister aux puissances de l'argent et aux trafics d'influence. Mais aujourd'hui, c'est tout au contraire le manque d'autonomie morale personnelle qui est mis en question, l'individu ne sachant plus s'opposer au pouvoir de façon constructivement politique quand il n'en attend que des bénéfices individuels, corporatistes ou communautaristes.

Quand l'individualisme se massifie, la contestation du singularisme change de cible et d'argumentaire. Après que l'individualisme bourgeois a été accusé d'exploiter la naïveté des petites gens et d'en faire des consommateurs aliénés, c'est la dynamique que les classes moyennes apportent à la logique du marché qui est condamnée : le consommateur des supermarchés (familier des promotions commerciales et des vacances *low cost*) est devenu coupable de détruire la mission sociale du prolétariat[1]. Sur le terrain de l'émancipation des mœurs, le constat de l'épuisement du désir succède à l'éloge de sa vitalité, de sa puissance provocatrice, de sa guerre contre les conformismes et les tabous ; l'expérience de la frustration l'emporte quand l'énergie du désir se trouve récupérée, contrôlée et

1. Voir J. Rancière, *La haine de la démocratie*, Paris, La Fabrique Éditions, 2005.

gérée par des systèmes publicitaires qui commandent médiatiquement les manières « personnalisées » de se rendre « individuellement » heureux ; la consommation ne renouvelle que le manque, et sa standardisation fait stagner le désir dans la répétition, au lieu qu'il se porte à l'invention toujours nouvelle de soi. L'image d'une fabrique commerciale d'un « on »[1] au lieu de l'émanation sociale d'un « nous » rend compte du triomphe de l'impersonnalité sur la solidarité dans l'espace public ; on n'est plus qu'un particulier parmi d'autres, à la fois isolé et homogénéisé ; la particularité généralisée détruit ainsi la singularité, et l'originalité imposée, standardisée, fausse les rapports éducatifs, tyrannise la vie professionnelle et dénature les relations affectives.

Que l'individu soit invité à se percevoir comme étant, circulairement, la victime d'une logique de marché que lui-même encourage, voilà qui peut susciter un retour sur soi qui fasse, dans le public, comme un appel à un nouvel esprit critique ; l'espoir de voir émerger un individualisme *autocritique*, capable d'autolimitation et d'auto-responsabilisation anime les exhortations en faveur d'une maîtrise individuelle des comportements consuméristes ; elles sont d'inspiration écologique bien souvent, mais elles sont aussi le fait de recommandations médicales en faveur de la protection de la vie et de la santé (l'intérêt corrigeant l'intérêt…). Sur le plan politique, le libertarisme qui revendiquait, au cœur des années prospères de l'après-guerre, une fonction contre-culturelle, en vient à se demander s'il n'a pas

[1]. « La particularisation du singulier est son annulation, sa liquidation à proprement parler dans le flux des marchandises fétiches » B. Stiegler, *De la misère symbolique*, Paris, Champs-Flammarion, 2013, p. 19.

ouvert la voie à une sorte d'anarcho-capitalisme qui a su convertir la passion contestataire en une force inventive de concepts, projets et produits sans cesse renouvelés, au bénéfice du règne de la marchandise. Ainsi l'individualisme, se voyant devenir le mobile et le moteur d'une « société civile mondiale », apprend à s'observer, se juger et à s'opposer à lui-même, sous l'influence d'une intelligentsia qui, fidèle à sa mission d'observateur éclairé par la lucidité, fait de la critique un acte de ressourcement et de refondation, à la recherche de forces nouvelles. De ce que la détérioration de la vie politique implique tous les acteurs dans une sorte de système dont la clé leur échappe, émerge le sentiment, angoissé et angoissant, que se déploie un processus sans maître dont l'individu n'est plus la mesure ni le but, mais seulement le prétexte et le moyen : processus anonyme, mondialisé, dépourvu de sens parce qu'il ne conduit qu'à sa propre reconduction : un processus gigantesque, planétaire et aveugle animé de la pure mobilité du changement comme d'un milieu liquide et dévorant, mêlant dans sa course les mutations de la technique, des mœurs et du droit, se nourrissant de la désagrégation des solidarités (familiales, régionales, professionnelles, nationales), menaçant de soumettre les États à l'incohérente cohérence d'un flux qui ne rassemble que pour mettre en mouvement : la mondialisation tenant dans sa nasse les marchés, les communications, les pensées, les actions, agissant comme l'énergie de toutes les énergies, mobilisatrice de la mobilité qu'elle impose par les déliaisons qu'elle-même opère.

La mondialisation des flux, en effet, n'est pas ressentie comme un nouvel état du monde, qu'il faudrait construire et où l'on pourrait s'installer, mais comme un processus qui n'en finit pas de changer les conditions d'existence. Or un processus transforme toute énergie disponible, et la vie elle-même, en une somme d'activités subordonnées à sa reproduction. « Puisque le plus fort a toujours raison », écrit Rousseau, « il suffit de faire en sorte qu'on soit le plus fort » [1] et c'est précisément un tel mot d'ordre actualisé qui enclenche dans le monde postmoderne un processus de concurrence effrénée qui ne vise rien d'autre que sa propre intensification. L'individualisme n'apparaît plus alors que comme l'instrument d'une mobilisation permanente de soi au service de forces incontrôlées et invisibles. L'utilité est elle-même dépassée par la pure instrumentalité qui transforme tout effort en moyens de moyens, moyen de rendre l'efficacité plus efficace, la concurrence plus concurrentielle, moteur et fin d'elle-même.

La nature spécifiquement politique du pouvoir est alors menacée d'asservissement à cette puissance dépourvue de sens. L'épanouissement de soi, la quête de confort, le goût des loisirs, la volonté de s'instruire aussi bien que l'honneur professionnel des individus ne sont plus au pouvoir de l'individu, et le narcissisme est récupéré : la capacité de mobilisation personnelle ne serait que la matière malléable d'un réseau de concurrence qui force les États, le droit, les institutions et les mœurs à la même adaptation permanente aux changements de mesure de la concurrence marchande. Le progrès serait-il passé d'un idéal mu par l'utopie morale de diffusion universelle du savoir et de l'autonomie personnelle à une réalité qui fait de la morale et du droit de simples outils au service d'une désintégration de la vie sociale qui met l'individu au

---

1. Rousseau, *Du contrat social*, livre I, chap. III, *op. cit.*, p. 44.

cœur de la dynamique du marché, l'individualisation des satisfactions n'étant qu'un témoin de la performance de la productivité ? La déliaison sociale, la dissolution des solidarités nationales et familiales [1], les nouvelles formes de l'émancipation sexuelle, la précarité des relations affectives, la décomposition-recomposition des familles, la tolérance aux singularismes et la déstabilisation des normes font de l'individu tout entier, à toutes les étapes de son existence et jusque dans l'intimité de ses pulsions les plus asociales une somme d'opportunités à acheter et à vendre. Lui-même apprend à s'évaluer, à se mesurer, à « s'estimer » pour se négocier. Un monde de solitudes qui se lient et se délient par des contrats provisoires, est-ce un piège ou un progrès ? L'appellation d'« évolution » ne fait qu'occulter les motifs d'inquiétude et tranche en imposant le fait comme un droit : l'évolution entraînant tous les acteurs, quel motif pourrait sérieusement s'opposer à ce qui mène le monde, même s'il le malmène ?

LE BIEN CONTRE LE BIEN

L'individualisme s'autocritique et s'oppose à lui-même, mais selon des registres philosophiques et politiques différents et rivaux, de sorte que la complexité du lien entre l'individualisme, l'individu et la société est cause d'interprétations politiques contradictoires qui contribuent à leur tour au désarroi général. Républicanisme, libéralisme et libertarisme

---

1. « Les exigences du marché du travail font abstraction des exigences de la famille, du couple, de la parentalité, de la vie amoureuse, etc. À cet égard, exiger la mobilité sur le marché du travail sans tenir compte des implications privées, c'est provoquer – en bon apôtre du marché – la dissolution de la famille. », U. Beck, *La société du risque*, trad. L. Bernardi, Paris, Champs-Flammarion, 2003, p. 267 et 268.

opposent le « bon » individualisme au « mauvais » individualisme.

Le républicanisme héritier de l'État-Providence cherche à compenser les dommages subis par les individus sous l'effet de l'individualisme concurrentiel. S'il perçoit le lien entre le délitement de la solidarité familiale et sociale, la libéralisation des mœurs et l'extension de la logique mercantile, il en attribue la responsabilité à un libéralisme autonomiste et il s'attache, pour sa part, à surmonter l'inégalité entre gagnants et perdants en donnant aux plus fragiles les moyens de participer aussi aux mutations techniques, professionnelles et idéologiques de la culture postmoderne. Le pari est alors de faire de la *sécurisation* des individus la condition de leur autonomie au sens de leur capacité d'affronter la « société du risque ». Une « flexi-sécurité » est ainsi jugée nécessaire pour préserver à la fois l'égalité de tous et la liberté de chacun ; car s'il est vrai qu'« il n'y a pas de modernité sans marché », toutefois « une instance de régulation est plus que jamais nécessaire pour encadrer l'anarchie » d'un marché qui serait absolument souverain [1]. Dans cette intention, il faut faire prévaloir les droits économiques au titre de droits sociaux afin de lever les obstacles qui empêchent un individu de participer aux biens collectifs (éducation, loisirs, promotion professionnelle…) pour cause de pauvreté, qu'elle soit matérielle ou culturelle. Mais cette orientation renforce à sa manière la cause de l'individualisme. Quoique son idéal soit de favoriser *la citoyenneté* comme la manière individuelle d'adhérer à la collectivité en tant que bien commun à tous, cette politique de l'individu, en s'alignant

---

1. R. Castel, *L'insécurité sociale*, Paris, Seuil, 2003, p. 92.

sur la singularité des cas et des besoins, finit par mener elle-même à la privatisation des biens publics et par renforcer indirectement la logique de l'individualisme concurrentiel[1] : forts ou faibles, tous appartiennent à une démocratie d'individus, de citoyens prompts à réclamer leur dû et à n'attendre de l'État qu'une assistance individualisée. Le but social, certes légitime, (attention portée aux cas particuliers d'émigrés, de handicapés, de femmes abandonnées, d'homosexuels rejetés, d'hommes de couleur, de pères célibataires...) l'emporte sur le but politique (partage et défense de valeurs communes), et le vœu de sauver l'individu de la souffrance l'emporte sur le souhait de renforcer le lien civique. Les individus se reconnaissent égaux par la crainte des mêmes menaces bien plus que par leur inscription dans un même destin collectif.

De son côté, la politique de l'individu qui se réclame d'un libéralisme autocorrectif use, pour sa part, d'aménagements fiscaux ou de subsides affectés à la particularité des activités et des personnes (bourses, contrats d'embauche, aménagement d'horaires de travail, régimes d'aide sociale aux plus démunis...) comme de moyens d'ouvrir à chacun un accès à l'autonomie, conçue comme la capacité de se rendre soi-même indépendant et satisfait dans une société qui fait de la liberté la condition indépassable de la dignité personnelle ; à quoi s'ajoute le réalisme économique selon lequel la lutte est un vecteur

---

1. Thierry Pech évoque « l'étrange coexistence d'un État-Providence, qui, quoi qu'on en dise, n'a jamais été aussi protecteur, avec un individualisme délesté de toute consistance morale, et sur lequel l'appétit de richesse trouve appui aujourd'hui », *Le temps des riches. Anatomie d'une sécession.* Paris, Seuil, 2011, p. 13.

irréductible de la vitalité personnelle[1]. L'ambition est de préparer nationalement les individus à affronter le marché international et d'inscrire l'éducation des jeunes dans la perspective de leur destin culturel cosmopolitique. Toutefois, replacée dans le contexte d'un déploiement mondial sauvage de la concurrence, l'ambition cède à l'urgence de fabriquer des « battants » prêts à affronter tous les combats (et toutes les compromissions), et le mondialisme économique l'emporte sur le cosmo-politisme culturel : des élites dénationalisées et nomades, homogénéisées par une formation managériale semblable dans des écoles semblables participe à la nouvelle « invi-sibilité » du pouvoir[2], indifférentes au sort de chaque pays en particulier, y compris du leur, ils sont des « cosmopolites indifférents[3] ». Sur le plan interne, un individualisme de lutteurs en version défensive gagne les classes moyennes, qui cherchent à tout prix à éviter le déclassement social, la dégradation culturelle et la prolétarisation budgétaire. Chacun oppose aux autres sa vision particulière du danger qui le menace et justifie son

---

1. On peut faire une distinction entre la compétition, au sens où l'on s'améliore soi-même dans la rivalité avec l'autre, et la concurrence, au sens où l'on cherche à l'emporter par la destruction du rival ; une distinction qui oppose un libéralisme autocritique à un libéralisme sauvage.

2. « Pour ce monde de plus en plus cosmopolite et extraterritorial des hommes d'affaires, des professionnels de la culture ou des univer-sitaires mondiaux, les barrières sont aplanies tandis que les frontières sont peu à peu démantelées pour laisser passer les distractions, le capital et la finance du monde », Z. Bauman, *Le coût humain de la mondialisation*, Paris, Hachette-Littératures, 1999, p. 136.

3. R. Reich, *L'économie mondialisée*, trad. D. Temam, Paris, Dunod, 1993, p. 293.

corporatisme identitaire, ajoutant ainsi à la concurrence économique une concurrence sociale et culturelle.

Un autre héritage, celui du libertarisme démocratique, contribue aussi à infléchir la politique de l'individu ; il fait de l'apologie des singularités le rempart le plus assuré contre toute tentation autoritaire ou totalitaire. Dans la ligne des revendications de 68, la tolérance doit s'individualiser pour se démocratiser, et l'individualisme postmoderne, en dépit de ses excès narcissiques, doit être politiquement accepté comme le destin inévitable de toute démocratie postmoderne. Ainsi admis comme un phénomène de civilisation irréversible, l'individualisme serait à lui seul le véritable héritage des Lumières, de la liberté de penser et de vivre : plutôt le bonheur personnel qu'une citoyenneté subie et mutilante ; l'épanouissement de chacun est la destination postmoderne des droits de l'homme, devenus objets de jouissance personnelle. A ce titre, même l'hédonisme apathique de l'individualisme contemporain doit être regardé comme le prix à payer pour la survie de la démocratie [1]. En dépit de sa vigueur antidogmatique salutaire, l'hyper-individualisme de cet appétit de contestation est toujours menacé de dérive vers une hyper-démocratie populiste, concept forgé par le philosophe Ortega y Gasset pour désigner le recul de la politique libérale aussi bien que de la politique républicaine au bénéfice d'une action directe des masses sur le pouvoir pour imposer dans l'opinion des droits que ne reconnaît pas la loi [2].

1. *Cf.* G. Lipovetsky, *Le bonheur paradoxal*, Paris, Gallimard, 2006.
2. « Aujourd'hui nous assistons au triomphe d'une hyper-démocratie dans laquelle la masse agit directement sans loi, imposant ses aspirations et ses goûts au moyen de pressions matérielles. (…)

A énumérer les tensions qui déchirent de l'intérieur le républicanisme, le libéralisme et le libertarisme, on s'interroge : les démocraties que l'on dit avancées ne sont-elles pas les victimes paradoxales d'elles-mêmes ? Les victimes de leur succès ? Les victimes de l'espérance qui les justifie ? Si tel est le cas, ces tensions et ces rivalités ne sont-elles pas les manifestations d'une lutte du Bien contre le Bien ? Une réalisation de la liberté contre une autre réalisation de la liberté ? Une pratique de l'égalité contre une autre pratique de l'égalité ?

Pourtant, le domaine de la politique est le mal, la lutte du mal contre le mal, comme l'enseignent le réalisme de Machiavel ou la prudence de Max Weber. Mais la tentation est grande d'en fléchir le pessimisme, et chacun ne peut-il pas penser à part soi : puisque la politique use de violence, que ce soit du moins pour s'opposer au mal, à un mal jugé pire qu'un autre mal ? Le parti du bien peut alors se définir alors par son autre, le parti du mal ; l'autre est le mal, c'est de « bonne » politique, dit-on. Ainsi, quand il s'agit d'opposer l'individualisme à lui-même, les prises de position se font soupçonneuses et dénonciatrices, pour justifier qu'elles luttent contre le « mauvais » individualisme et ce, au nom de l'individu lui-même. L'argumentation se fait partisane, les intellectuels se rangent dans des formations antagoniques. Le but est d'incarner le Bien suprême de la vitalité démocratique, au risque d'en incarner seulement une abstraction ou une version égoïste ou bien corporatiste. Ce qui est dommageable, car une politique de l'individu perd en

Je doute qu'il y ait eu d'autres époques dans l'histoire où la masse soit parvenue à gouverner aussi directement que de nos jours. C'est pourquoi je puis parler d'une hyper-démocratie », Ortega y Gasset, *La révolte des masses*, trad. L. Parrot, Paris, Stock, 1961, p. 55-56.

intelligibilité et en popularité quand elle nie plus qu'elle n'affirme, et qu'« être contre » donne l'illusion d'agir. Ainsi pourra-t-on rejeter des élites pour complicité avec les malheurs du temps, réduire la mondialisation à un complot des riches contre les pauvres[1], récuser l'auto-nomie-dignité (morale) au nom de l'indépendance-séparation (économique)[2], soupçonner l'assistance d'humilier les plus démunis au lieu de les fortifier[3], récuser comme violence institutionnelle l'exhortation à s'instruire etc. Ces accusations croisées entretiennent un blocage durable dans l'équivoque et l'inaction, découragent la vertu politique dans un peuple qui se décompose en une foule ou se recompose en agrégats populistes. Prises dans l'étau des extrêmes du luxe[4] et de la misère, les politiques de l'individu, entraînées dans une pratique du soupçon qui déconsidère les parties et les partis, ne feraient jamais qu'épuiser leurs forces à

1. « Si rien ne bouge, alors que nous entrons dans une crise écologique d'une gravité historique, c'est parce que les puissants de ce monde le veulent », H. Kempf, *Comment les riches détruisent la planète*, Paris, Seuil, 2007, p. 33 et 36.

2. « Le présupposé individualiste conçoit les êtres humains à travers une injonction à l'autonomie comme si les êtres humains étaient à tout moment de leur vie maîtres et possesseurs d'eux-mêmes », F. Brugère, *L'éthique du care* », « Que sais-Je ? », Paris, P.U.F., 2011, p. 84.

3. « L'attitude compassionnelle…demande aux "assistés" de sortir de leurs difficultés en se prenant en charge. C'est l'appel à l'initiative, à l'autonomie, à la nécessité de se (re)prendre en mains. Le « "bon" pauvre doit prouver qu'il veut s'en sortir pour obtenir de l'aide », M. Revault-d'Allonnes, *L'homme compassionnel*, Paris, Seuil, 2008, p. 25.

4. Dans le film *Le fil de la vie*, réalisé en 2013 par Dominique Gros, Carlos Bauverd rend sensible au fait que l'assistance au suicide, par exemple, est un luxe démocratique, au sens où la démocratie peut prendre en charge une demande d'autonomie qui inclut aussi le libre choix de mourir.

reproduire leurs convictions si les faits, autrement dit les malheurs du temps, ne les obligeaient à repenser tout à la fois l'individu et la communauté politique.

DU DÉCRI DE L'INDIVIDUALISME
À LA FOI DANS L'INDIVIDU

Le tragique est inéchangeablement individuel. Individuel comme l'échec, la gloire ou la mort, et la grandeur d'un individu peut se tenir dans le sacrifice de soi, acte absolu de don ou de résistance, absolument unique. Mais, étrangement, le malheur de l'individu peut également consister à devoir vivre dans un âge qui menace de sacrifier l'individu à l'individualisme. Le modèle de la réussite individuelle incite les parents à subordonner l'enfant, dès son plus jeune âge, à la concurrence scolaire; ses études pourront le convaincre du devoir de performance à tout prix. S'il veut aimer, il devra comprendre que la liberté sexuelle interdit de prohiber la précarité familiale. L'expérience professionnelle lui révèlera, quant à elle, que sa responsabilité lui fait un devoir d'asservissement définitif au progrès technologique et numérique. S'il lui arrive d'avoir des enfants, la peur de leur déclassement fera de lui un courtisan honteux des directeurs d'institutions scolaires prestigieuses. Et quand il lui arrivera d'être vieux, il lui faudra prendre la figure du retraité comblé, narcissique et prétentieux, avant de finir, comme chacun, dans la solitude sans espoir des recrues du couloir de la mort, une mort médicalisée et retardée, qui n'en finit pas d'arriver.

L'individu réel est vraiment seul, seul à faire face à l'imprévisible, quand l'incertain est devenu son ontologie. Il est insupportable d'être malheureux dans un monde qui a élevé le bonheur à un tel degré de passion individualisée. A force de penser l'individu en termes de droits-dus, de le convaincre de s'imaginer en perpétuel indigné, de lui imposer d'être jeune à tout âge, d'être un révolutionnaire en vocabulaire sécuritaire, on a oublié la réalité de l'individu, le fait écrasant qu'il doit supporter un monde inconsistant, et en être à la fois l'illustrateur et le détracteur.

L'individu hérite de missions contradictoires. Héritage de la résistance pour les fidèles de la république en guerre (1945). Héritage de l'insoumission pour les réfractaires de 1968. Héritage de la singularité anticonformiste pour les libertaires. Exemplaire unique d'un devoir d'être soi postromantique et identitaire pour la postmodernité. C'est bien dans la solitude de sa particularité que l'individu doit intimement faire face aux risques qui fabriquent au jour le jour ce qui, de sa résistance et de sa faiblesse, décidera de son sort.

A l'âge industriel, la philosophie progressiste faisait du travail une figure de l'action, celle-ci ayant pour essence la réalisation d'une unité collective, d'une « transcendance collective » (une famille, une communauté de travail et de voisinage, une nation, une civilisation). Rêve de réaliser la solidarité par la consolidation des liens ; l'autonomie y trouvait sa place, en tant que manière librement individuelle de réaliser une république structurée par la transcendance des lois. La singularité qui s'est révoltée contre l'autonomie, la singularité artiste, projetée dans l'utopie d'une société d'émancipation sans entraves a dû elle-même définir son identité propre par opposition à ce schème unificateur de la vie en commun, et elle a fait, par contraste, de la déliaison sa force provocatrice : refus du mariage, de la conscription, de la procréation. Mais, pour l'individu d'aujourd'hui, la relation au monde a changé, et la réalité est, pour lui, un ensemble d'événements, d'opportunités, de croisements, de détours ; dans le monde du travail, il faut se montrer capable de rejeter l'illusion d'un modèle unique, l'enfermement dans des spécialités, la croyance aux solutions toutes faites ; il faut provoquer l'inattendu, le nouveau, la chance, le possible. L'individu souffre, dans les démocraties postmodernes, d'un mal nouveau, qui est l'exclusion. Alors que l'inégalité fait occuper une place inférieure à celle d'autrui dans une même échelle de valeur, l'exclusion met l'individu hors compétition. Alors que l'inégalité, en démocratie, peut être surmontée, comme l'a bien montré Tocqueville, par le même imaginaire de l'égalisation des conditions, l'exclusion signifie qu'on n'a tout simplement pas besoin de vous ; vous n'êtes pas inférieur, mais inutile. A l'exclusion sociale s'ajoute une exclusion morale générée par une société qui divise les individus en deux catégories, celle des coupables et celle des victimes, une société dont l'inertie compassionnelle identifie moralement la victime à un laissé pour compte, soit comme exclus coupable, soit comme exclus assisté, soit comme délinquant diabolisé, soit comme délinquant excusé... autant de justifications qui frappent d'une incapacité définitive celui auquel on veut subvenir, quand l'assistance ne s'adresse qu'à l'incapacité de chacun au point de faire oublier que l'individu vit d'honneur, d'amour et d'espoir et qu'il a besoin d'une ontologie éthique qui lui en procure les ressources.

La solitude morale de l'individu s'ajoute ainsi à l'épreuve de l'imprévisibilité du monde. Divisé entre des modèles antagonistes d'éthique, de réussite, de projets de vie, il lui faut assumer d'être autonome et responsable tout en étant affranchi, original et sans complexe. Aucune religion, aucune science, aucune utopie ne dit comment allier les ressources naturelles, les ressources techniques, les ressources culturelles, les ressources scientifiques et les ressources morales dans un même projet d'action collectif et durable. L'absence de liaison entre les savoirs et entre les questions (ce qui fait ma santé, ce que doit être mon intelligence, si je dois revendiquer une identité, comment incorporer une responsabilité envers l'environnement, quelle vision du monde conduit la politique de mon pays, quelle sera ma fin de vie…) témoigne d'une situation d'incertitude qui donne à l'individualité un rôle irremplaçable : agir dans l'inconnu. Quand il ne s'en remet pas à un cynisme simplificateur, l'individu se voit contraint d'inventer un héroïsme dont il sera un exemple sans concept et qui a été fort bien qualifié d'« incertaine transcendance »[1].

La surenchère qui met circulairement en concurrence un individualisme activiste et un individualisme victimiste installe un climat de médiocrité morale qui réduit, en définitive, l'individualité agissante à une individualité calculante, uniquement préoccupée de maximiser des

1. L'héroïsme de masse « est le style de la certitude quand il n'y a plus de certitude, quand nous n'avons plus que nous-mêmes pour nous servir de référence. Bref, quand, contraint d'intégrer l'incertain en nous, nous devenons notre propre transcendance, mais sans les garanties qu'elle procurait auparavant. Qu'est-ce que l'individu ? Une incertaine transcendance ». A. Ehrenberg, *Le culte de la performance*, Paris, Pluriel, p. 286 et 287.

profits en fonction des circonstances, ce qui augmente la conflictualité de la vie sociale et la défiance généralisée. Quand le lien moral ne suffit pas à résoudre les questions intrafamiliales, intergénérationnelles ou intra-professionnelles, le soupçon de tous contre tous égalise le recours au droit de chacun contre chacun, la méfiance est ce qui nous tient à distance les uns des autres, et nous cohabitons dans un espace commun sans habiter ensemble le même monde.

Devenu une réalité abandonnée quand s'impose le dogme d'une fin de l'histoire, l'individu devient la proie d'une société dont l'individualisme signifie qu'elle attend tout de l'individu. La société de l'infor-mation, aujourd'hui, substitue au couple individu/société le couple individu/réseaux. L'individu d'aujourd'hui découvre ainsi un nouveau type de transcendance, celle de la tâche à accomplir ; il doit affronter un destin qui le laisse seul face aux contradictions des héritages divisés, à leur impuissance et à leur rivalité. La contradiction est son état comme il est l'état du monde où son existence se déroule ; qui d'autre que lui-même, en un modèle encore introuvable, sera l'*ego* collectif qui pourra servir d'exemple à un accomplissement personnel en même temps qu'à un nouveau type de vitalité collective ? C'est à même la chair de son expérience, espérante et souffrante, que l'individu pourra être l'acteur d'un État social qui devient flexible[1], capable d'empêcher la concurrence de détruire le marché. Quand la concurrence obéit à un mécanisme d'autoreproduction qui dévore toute forme de vie pour en faire un objet *a priori* destructible et transformable en un gain potentiel, elle ôte au marché

---

1. R. Castel, *L'insécurité sociale, op. cit.*

la fonction de juste clairvoyance dans l'appréciation des mérites qui s'affrontent en une compétition révélatrice de talents et de fécondités. Le nihilisme économique de la concurrence se nourrit du nihilisme moral, qui piège l'opinion publique pour en faire le partisan d'une politique du soupçon qui ne fait que perpétuer le découragement. Peut-être la générosité, vertu qui s'augmente de ce qu'elle donne car elle est une puissance d'être et de faire être, sera-t-elle, dans les comportements privés ou publics, la révélatrice de ce qu'est vraiment l'individu : un objet de foi.

L'individu est un objet de foi parce que sa réalité spécifique est vitalement trans-individuelle et supra-individuelle, naturellement mue par une énergie d'auto-transcendance ; il y a dans l'individu plus que lui-même, des potentialités d'être non encore advenues, des possibilités de penser, de ressentir et de vouloir qu'il ne sait pas ou ne peut pas encore actualiser (en fait de mémoire, d'imagination, de conception, d'expression) ; tout au contraire, l'individu de l'individualisme économique et politique, identifié et réduit à une réalité monadique illusoirement autosuffisante n'est qu'un produit fabriqué, le résultat d'un utilitarisme mécaniciste et techniciste, obsolète et sans âme. Ne sachant que « produire » des objets comme des choses et comme des résultats, il encourage l'individu à se construire narcissiquement comme un système d'auto-exploitation, traitant ses droits comme des opportunités à gérer. Cet objectivisme fait oublier que la richesse véritable est une potentialité créatrice renouvelable, il pratique un humanisme nourri du mépris de l'homme et parfois mu par le souci de son abaissement même. La politique de l'égalité ramène chacun dans le champ de la même médiocrité consommatrice pour tous, particulièrement dans le domaine de l'expression, comme si une médiocrité sémantique partagée signalait une honnêteté minimale rudimentaire, alors que c'est l'amour même de l'égalité qui s'est enlisé dans la médiocrité morale, au point que le règne de l'argent fabrique une oligarchie financière qui n'échappe qu'illusoirement à la médiocrité de ses propres manifestations, vulgairement spectaculaires.

Perdant de vue que les hommes ne vivent pas dans un monde de choses, mais dans un monde de relations, la vision monadique de l'individualité oublie aussi que l'invention de soi coïncide avec l'invention du rapport à l'autre et au monde, dans un mouvement d'individuation inachevable [1].

1. Comment il est possible d'opposer l'individuation à l'individualisme, la question sera examinée dans la troisième partie.

Deuxième partie

POLITIQUES DU PLURALISME

Alors qu'il veut être une nouvelle morale de la civilisation des mœurs, le pluralisme ne peut cacher les contradictions qui le minent : le relativisme est démoralisateur, l'atomisme précipite l'individu dans le communautarisme, les politiques du pluralisme doivent gérer des conflits croissants entre revendications identitaires. Ce défi culturel et moral réclame un traitement symbolique capable de dépasser le stade d'une « guerre du sens ». A la condition que la lutte entre le pluralisme au sens libéral et le pluralisme au sens social cessent d'agir comme des inhibiteurs réciproquement destructeurs.

CHAPITRE V

LE DILEMME PLURALISTE

C'est avec des individus qu'il faut, à l'âge du pluralisme, construire du lien social. Les institutions constitutives d'unité, comme la famille, la nation, les groupes professionnels sont ébranlés ; la socialisation par l'école est concurrencée par l'attractivité plurielle des réseaux numériques ; la réflexion individuelle est elle-même intérieurement divisée sur des thèmes comme l'activisme féministe, l'éducation des enfants, le mariage homosexuel, le statut de l'immigration ou le destin de la mondialisation etc., de sorte que la multiplicité des combinaisons entre *feelings* individuels amplifie la divergence des opinions privées sur les affaires publiques. Le règne de la communication impose à son tour la privatisation du politique en faisant de la réceptivité affective individuelle la mesure de l'intelligibilité publique digne d'être imposée à tous, puisque comprendre un propos, c'est l'aimer (le *like*), comme on aime un bon mot, un air à la mode ou une photographie.

Ainsi s'impose le besoin de repolitiser les esprits quand l'atomisme social fait reculer l'intérêt général ; de resolidariser les consciences quand la lutte pour l'égalité des chances dresse chacun contre chacun; de recréer un monde commun lorsque le monde commun est détruit par la course aux bénéfices qui peuvent être tirés de sa destruction même.

« PLURALISME », UN TERME SURDÉTERMINÉ

Le pluralisme s'impose comme une nouvelle morale, publique aussi bien que privée, mais dans une certaine confusion. Ne serait-ce, pour commencer, que par la confusion entre le fait et le droit. La diversité est un fait, la naissance biologique produit des individus distincts tout en reproduisant la même espèce. La pluralité des espèces marque la diversité des manifestations de la vie; la diversité sociale montre une variété de situations selon la chance, la géographie, les conditions de fortune et l'histoire de chacun. Les cultures répondent à la nécessité de survivre selon le temps, le lieu et l'outillage dont elles disposent. Ce sont des faits, ils se constatent. Autre chose est de regarder la pluralité des individus ou des groupes comme une valeur. C'est en faire un objectif, objectif qui sera porté par la volonté, qui réclame des efforts et suppose des sacrifices.

La confusion existe aussi entre la continuité et la rupture. Le pluralisme prolonge l'éthique démocratique, en ce qu'elle accepte la diversité des avis et s'efforce de protéger les minorités, mais il inaugure aussi une morale publique désireuse de se mettre en rupture avec l'homogénéité démocratique en changeant la mesure du « semblable ». Agir au nom de la fraternité, au sens républicain, c'est rendre les hommes plus fraternels, c'est-à-dire plus unis; introduire plus de justice, c'est réduire les inégalités afin qu'ils se *rapprochent*. Pourtant,

Tocqueville, déjà, percevait que l'égalité favorise le repli sur soi et la dépolitisation, le désintérêt pour la vie commune. La fraternité peut donc se trouver mise à l'épreuve de l'égalité elle-même. Cette difficulté et ce tourment sont particuliers à notre temps : comment réaliser la fraternité dans une démocratie d'individus ? Le droit à la différence, à la singularité personnelle, a pour effet d'individualiser le concept de droit de l'homme. Ce n'est plus un droit commun, lié à une communauté de destin, à un progrès de l'humanité dans son ensemble, mais un droit subjectif lié à une situation particulière. C'est un droit-dû et non plus un droit-devoir. C'est un droit inhérent à la personne et non à la citoyenneté. C'est un droit lié à une identité particulière plus qu'à une humanité partagée. C'est un droit privé.

Le paradoxe se prolonge par la confusion entre deux respectabilités contradictoires de la personne, au nom même de l'épanouissement de l'individu. Lorsque la philosophie exalte l'idéal d'authenticité personnelle en en attribuant l'inspiration à un promoteur du communautarisme [1], elle plonge les esprits dans des conflits d'interprétation. Faire de l'originalité personnelle un mot d'ordre initiateur d'une mutation culturelle, c'est ajouter à l'égale rationalité des sujets humains les dispositions particulières qui en modèlent la sensibilité, et ainsi compléter, en quelque sorte, le pouvoir individuel de s'accomplir. Mais au prix de contradictions philosophiques et éthiques qui menacent d'incohérence la représentation culturelle de soi de la démocratie. Car

1. C. Taylor, « La politique de reconnaissance », dans *Multiculturalisme, Différence et démocratie*, trad. D.A Canal, Paris, Champs-Flammarion, 1994.

le romantisme singulariste, s'il ajoute à la personnalité morale les ressources de l'imagination, de l'affectivité et de l'historicité, exalte aussi le préjugé, la préférence pour soi et le rejet de l'autre [1]. Deux anthropologies et deux visions de l'histoire s'affrontent. D'un côté, le concept universaliste de progrès renvoie, sur le plan moral, au présupposé de la perfectibilité humaine : une identité humaine universelle s'accomplit par-delà les cultures particulières, la solidarité de l'espèce humaine se réalisant dans son avancée vers un destin juridique et cosmopolitique commun. D'un autre côté, un culturalisme particulariste fait de l'individu le produit d'une histoire singulière qui se transmet par la force des convictions, des émotions et des habitudes, lesquelles sont unifiées par le sentiment d'appartenance à un même héritage. Cette contradiction finit par provoquer intérieurement le rejet de soi par soi quand les attaches font obstacle à l'autonomie personnelle et que l'appartenance perturbe l'accès à une même citoyenneté pour tous.

Vouloir unir les individus par l'exaltation de leurs différences peut être un pari sublime, mais qui dérive aisément vers un doctrinarisme bien-pensant. Bien souvent, le politicien professionnel fait fleurir une rhétorique dont l'unité consensuelle, réduite au minimum, repose, en sa fondation ultime, sur le désintérêt que chacun peut porter à la différence de l'autre... On la cultive pour

1. « Tout ce qui est de nature identique à moi, ce que je puis m'assimiler, je l'envie, le recherche, me l'approprie ; envers tout ce qui est au-delà, la nature, dans sa bonté m'a armé d'insensibilité, de froideur et d'aveuglement ; elle peut même devenir mépris et dégoût ; mais a seulement pour but de me replier sur moi-même, de me faire trouver satisfaction au centre qui me porte » J.G. Herder, *Une autre philosophie de l'histoire*, trad. M. Rouché, Paris, Aubier, 1964, p. 185.

la forme, mais on y est, au total, foncièrement indifférent ; l'important est ailleurs. La magie d'unir par la diversité et de solidariser par la différence se ramène à un usage simplement biaisé des mots. Quand ils sont, comme c'est le cas du terme « pluralisme », polysémiques, la confusion et l'amalgame sont exploités au bénéfice d'une illusion d'un consensus « politiquement correct ». Pour cela, il faut que le mot « différence », en particulier, soit chargé de significations qui passent pour équivalentes. La « différence » d'un handicapé, la « différence » d'une femme, la « différence » d'un homosexuel, la « différence » d'un orphelin, la « différence » d'un immigré, la « différence » d'un malade… n'ont pas la même portée vitale, sociale ou morale. Mais la ruse du pluralisme idéologique est de regarder ces différences factuelles (être une femme, un handicapé, un homme de couleur ou un homosexuel) comme des différences *moralement* indispensables à la culture de soi, en espérant faire consensus sur l'identification d'un fait à une valeur, au point de rendre l'amalgame inintelligible ou insupportable.

Le « pluralisme » dit deux choses en un seul mot : il indique à la fois ce qui *sépare* (la pluralité factuelle des individus, des communautés, des conditions, des croyances, des chances, des compétences…) et ce qui *réunit* (une morale de respect réciproque, d'unité dans la diversité, la promotion d'une mondialisation civilisée…). Il fait de la différence la raison d'un accord. Ainsi, pour garantir à chacun qu'il est le maître de la pleine disposition de son choix, pour l'assurer que nul ne le force à se rallier à une conviction étrangère à la sienne, il lui faut affirmer fortement que la divergence entre des croyances est un fait *insurmontable*, ce qui veut dire qu'aucune croyance ne peut servir de mesure, de modèle ou d'étalon unificateur aux autres ; ce principe de neutralité est à la base d'un pluralisme de type libéral : « une hypothèse cruciale du libéralisme consiste en ce que les citoyens égaux ont des conceptions différentes, et effectivement incommensurables et irréconciliables du bien »[1] ; de l'altérité radicale des croyances, posée et acceptée, résulte l'impossibilité d'« atteindre un accord public sur la conception requise *du bien* »[2]. Le pluralisme se protège ainsi de la guerre des croyances de manière négative, par l'égale neutralisation de toutes les croyances : elles sont ce sur quoi on ne fondera pas les normes de la vie en commun. Un paradoxe similaire s'observe à propos du multiculturalisme, qui pose les différences comme insurmontables par souci de tolérance à l'égard de la diversité des cultures mais rend par là-même inconcevable leur possibilité de cohabiter[3].

Le pluralisme est un universalisme

La liste des contradictions peut se poursuivre, elle explique en partie la fonction rhétorique du pluralisme, mot qui « chante » plus qu'il ne pense, pour reprendre une

1. J. Rawls, *Justice et démocratie*, trad. C. Audard, Paris, Seuil, 1993, p. 170.
2. *Ibid.*, p. 238.
3. « C'est l'un des paradoxes particulièrement criants du multiculturalisme : il rejette résolument l'essentialisme qui fonderait l'homogénéité nationale, mais sa volonté de défendre les droits des minorités le fait facilement tomber dans le piège de l'essentialisme. On a dit que le multiculturalisme, c'est s'imaginer qu'un chat, une souris et un chien peuvent manger dans la même écuelle », U. Beck *Qu'est-ce que le cosmopolitisme ?*, trad. A. Duthoo, Paris, Aubier, 2006, p. 135.

image de Paul Valéry qui a déjà beaucoup servi. Pourtant, les amalgames dont le pluralisme est désespérément fauteur traduisent bel et bien le profond besoin d'une morale politique face à une diversité qui est devenue un principe de réalité politique incontournable (diversité des individus, des cultures, des acteurs mondiaux, des événements, des mémoires, des nouveaux conflits...). Sous l'effet de la mondialisation, de la déculturation, de l'emprise de la communication, des défis sociaux à affronter, il faut bien qu'un lien intellectuel et moral donne l'idée des efforts à mobiliser et d'une direction qui puisse les rassembler.

C'est pourquoi, aussi contradictoire et incohérent qu'il soit sur le plan conceptuel, le pluralisme finit par s'imposer comme un universalisme ou, du moins, comme le support d'un universalisme capable d'entraîner les jeux d'intérêts, l'individualisation des droits et l'égocentrisme des communautés *au-delà d'eux-mêmes*, dans l'espoir de reconstruire un cosmopolitisme humaniste et de refonder l'idée de la solidarité originaire de l'espèce humaine. Mais à cet universalisme, comme il est impossible de l'exprimer dans le vocabulaire d'une communauté parti- culière, il faut donner des assises en dehors des termes connotés, des références communautaires et des victoires symboliques référencées dans l'histoire. C'est donc une conception morale suffisamment générale qui peut faire du pluralisme un *bien commun* à l'échelle de la planète. Au moment où une concurrence féroce divise les peuples et les esprits, il faut une culture publique capable de favoriser la créativité de chacun dans un climat de paix pour tous ; au moment où les revendications politiques se culturalisent en s'identifiant à des faits mentaux identitaires, à la fois psychologiques, affectifs et religieux, la complexification de la décision politique conduit à prendre en compte la dimension existentielle et culturelle, et non plus simplement politique, des conflits. Il faut donc reconnaître le pluralisme comme *un intérêt général qui est particulier à chacun*, comme un bien universel, comme la raison d'un vivre-ensemble mondial. C'est parce qu'il est moral et idéal que le pluralisme porte en lui la contrariété qui veut allier un extrême respect de l'altérité à une exaltation de la conciliation unifiante, au service d'une démocratie qui ne sera pas seulement un régime parmi d'autres, mais une culture publique universellement partageable, un but et une valeur commune, désirée, souhaitée, reconnue et pratiquée par tous. Le monde dans lequel vivent les hommes, les groupes, les ethnies ne doit pas s'unir sous l'effet de la contrainte, sous l'influence de la domination d'un groupe ou d'une classe sur une autre. La pluralité doit être le principe d'un monde voulu en commun. A ce titre, le pluralisme est un nouvel universalisme, non pas un universalisme scientifique, métaphysique, religieux (aucun dogme ne doit s'imposer contre les autres), mais un universalisme relationnel et communicationnel.

La morale – on devrait presque dire « la religion » – de la *reconnaissance* tente d'assumer une telle gageure. Son rôle est de servir de fondation à l'émergence d'une culture publique idéalement mobilisatrice de politiques publiques. L'impératif de la reconnaissance de l'altérité de l'autre vise à réactiver la légitimité démocratique en délivrant les individus, non seulement de la domination de l'homme par l'homme, mais aussi du mépris de l'homme par l'homme. La première égalité démocratique, instaurée par les fondateurs de la Révolution française, est celle de tous devant la loi ; mais une autre égalité est aujourd'hui attendue, qui prenne en compte les appartenances et les mémoires et fasse de l'accès à l'*estime de soi* de chaque citoyen un nouveau devoir pour la collectivité tout entière. Cette attente d'une *démocratie morale* capable d'affronter le défi de la cohabitation des individualités, des communautés, de la précarisation de la vie de chacun, de la médiatisation des savoirs et des migrations dans le cadre de la mondialisation est un facteur d'utopie conciliatrice pour une nouvelle moralisation de la démocratie.

Dans le récit que Hegel fait de la lutte de deux consciences pour la reconnaissance sont opposées la posture du Maître et celle de l'Esclave : ce sont deux modes d'accès à la reconnaissance de soi. Deux consciences désirent la même chose et entrent en lutte l'une contre l'autre. Au lieu de comprendre la lutte comme une solution simplement physique (la lutte ne servirait qu'à vérifier que le plus fort l'emporte mécaniquement, mais non moralement), Hegel la présente comme la condition de l'humanisation du désir et de la liberté. Un individu ne souhaite pas simplement vivre son désir, mais faire reconnaître l'humanité de son désir. Il ne souhaite pas simplement être indépendant à la manière d'un électron libre, il veut être humainement libre et donc être reconnu comme libre. En risquant sa vie et en préférant mourir plutôt que d'être vaincu, le Maître fait la preuve que son besoin de reconnaissance est plus fort que son désir de survie : il prouve l'humanité de son désir et de sa volonté de liberté. Sa victoire est pourvue de sens, elle met la liberté au-dessus des besoins vitaux ; c'est une transformation de la vie biologique en vie spécifiquement humaine ; quand il s'agit d'un peuple, le courage de la lutte définit une aspiration spécifiquement *politique* à la liberté, qui n'a pas pour mesure des succès économiques (lesquels ne concernent que les besoins, non les désirs). L'Esclave, quant à lui, obtient la reconnaissance par le biais de l'œuvre réalisée ; l'esclave, celui qui est assujetti à la loi des autres, conquiert ainsi par son propre travail une pleine conscience de soi libre ; là encore, le désir de vivre ne se réduit pas à la consommation de ce qui fait survivre : il est désir de promouvoir la vie que l'on porte en soi, d'en transporter la puissance dans des œuvres, des actions, sous forme de choses ou de signes, un désir de faire reconnaître la vie comme projet orienté et digne d'estime.

Aujourd'hui, le désir de reconnaissance est associé au désir personnel d'une *estime de soi qui passe par autrui*. Le respect ne suffit pas à satisfaire le besoin psychique, social et culturel d'accomplissement de soi. Le respect mutuel des individus est un principe juridique : je dois traiter autrui comme un égal devant la loi. Mais la reconnaissance publique apporte quelque chose de plus : l'estime des autres, une estime qui conduit chacun à se regarder lui-même comme capable d'agir, de s'associer, d'enrichir la vie en commun. L'estime de soi est vue comme un moteur d'intégration sociale, comme la capacité de se réaliser socialement : le jugement d'autrui est déterminant de la valeur que chacun se donne, l'identité personnelle étant maintenant regardée comme une construction intersubjective : « l'expérience de l'amour donne ainsi accès à la confiance en soi, l'expérience de la reconnaissance juridique au respect de soi et l'expérience de la solidarité, enfin, à l'estime de soi »[1].

L'immense succès public de la thématique du droit à la reconnaissance témoigne de ce que l'on a affaire à un souhait à la fois collectif et individuel, individuellement collectif d'humanisation des mœurs. Le sujet juridique (sujet de droits et de devoirs légalement définis) n'est encore qu'une représentation conventionnelle de chacun comme égal à tout autre, une représentation qui pose l'égalité de l'un *face à* l'autre, de sorte que le tribunal, par la voie du procès, restitue à chacun son dû selon son droit ; mais l'impératif de reconnaissance, pour sa part, porte sur l'individu agissant, qui inscrit son être dans une histoire, qui prend des risques et subit des épreuves, qui assume un destin, de la naissance à la mort, à la première personne. Sa réalité d'homme résulte de son interaction avec les autres ; son moi et l'idée qu'il se fait de lui-même sont médiatisés par la reconnaissance d'autrui. L'individu n'est pas simplement un être rationnel, et c'est comme être psychique et social qu'il doit pouvoir aussi se déclarer l'auteur d'une vie réussie.

La morale de la reconnaissance coïncide également avec le besoin d'un rapport renouvelé à la réalité économique. Le capitalisme planétarisé, argumentait Fukuyama après la chute du mur de Berlin, ne saurait signifier un simple triomphe de la force des faits économiques sur l'approche politique. A l'époque de la guerre froide, la valeur d'un régime se fondait sur le rejet de l'autre, et la supériorité de la démocratie libérale se justifiait

---

1. A. Honneth, *La lutte pour la reconnaissance*, trad. P. Rusch, Paris, Cerf, 2002, p. 208.

par le confort et la richesse plus grande des individus. Mais cette explication ne suffit plus à justifier le désir spécifiquement *politique* de démocratie ; la démocratie ne saurait se légitimer exclusivement par le confort matériel qu'elle apporte, il lui faut en outre donner satisfaction au désir de reconnaissance pour que l'individu se sente digne de ses choix et s'attribue la pleine valeur de ses actes : « le désir de reconnaissance peut ainsi fournir le maillon manquant entre l'économie et la politique libérales » [1]. Un régime autoritaire, en effet, peut très bien produire de la richesse sans reconnaissance, tandis que ce qui caractérise le capitalisme démocratique est ce besoin de reconnaissance devenu plus fort que la question matérielle elle-même, qui importe plus que la satisfaction des besoins et en devient la condition morale. Le sentiment de la pauvreté s'en trouve, lui aussi, moralement changé ; l'assistance n'étant rien sans la reconnaissance, il est humiliant d'en être l'objet si elle n'est pas justifiée par un mérite personnel, une capacité d'agir, qu'il faut découvrir et déployer, autrement dit, si l'économique n'est pas au service de la justice : « l'injustice réelle qui est faite aux pauvres ou aux sans-abri dans les pays développés s'adresse moins à leur bien-être physique qu'à leur dignité. Comme ils n'ont ni richesses ni propriétés, ils ne sont pas pris au sérieux par le reste de la société » [2]. Se délivrer du mépris par la conquête de la reconnaissance publique donne ainsi une postérité post-communiste à l'intuition de Hegel, une destination historique renouvelée par le XXIe siècle. La

1. F. Fukuyama, *La fin de l'histoire et le dernier homme*, Paris, Champs-Flammarion, 2009, p. 19.
2. *Ibid.*, p. 325.

tâche qu'assigne l'avenir de la société démocratique est de transformer, pour tous, la simple survie en mode de vie estimable, de donner à chacun le pouvoir de sublimer son désir de vivre dans une capacité d'agir. Il faut inclure dans la puissance d'agir le besoin de sécurité tel qu'il n'est pas une revendication passive d'assistance (obtenir le pain nécessaire pour survivre en exclus), mais un accès durable aux moyens de la reconnaissance.

CHAPITRE VI

LA NOUVELLE PLURALITÉ DU MONDE

On entend souvent dire que l'épreuve de la pluralité réelle, celle la diversité des hommes autant que de l'imprévisibilité des situations, n'est pas un défi politique nouveau. A quoi il est possible d'objecter que deux éléments renouvellent l'épistémologie politique aujourd'hui : le besoin d'accorder sans unir (situation d'une politique entièrement immanente, dépourvue de toute unité transcendante) et la perte de référence au progrès commun de l'humanité en tant que reconnaissance d'une identité humaine universelle (l'historicité collective de l'espèce humaine n'est plus le grand récit d'un même destin).

UN PARADIGME POLITIQUE POSTMODERNE :
ACCORDER SANS UNIR

Les États sont des habitants du monde extrêmement hétérogènes, économiquement inégaux par leurs ressources, politiquement différenciés par leurs intérêts propres et rivaux en raison de leurs convictions religieuses et morales. Il n'existe pas d'ordre mondial, mais un monde multipolaire, sans ennemi objectif officiel ou stratégique, sous la menace d'une multitude de dangers imprévisibles : tribalismes, nationalismes, sectarismes sont de nouvelles causes de violence ; de nouveaux acteurs internationaux apparaissent, qui ne sont pas des États, mais des religions ou des technopoles ; la dissémination peu contrôlable des armes nucléaires, l'imprévisibilité d'acteurs parfois fanatisés, la banalisation du terrorisme etc., tous ces facteurs créent le risque d'une multiplication de conflits régionaux qui sont autant de guerres locales capables de faire tache d'huile, menaçant de rendre inefficaces les organisations internationales comme l'ONU. Face à cette situation, les politologues tentent de concevoir un système du monde qui puisse fournir de nouveaux repères stratégiques, comme, en particulier, une nouvelle typologie, tripartite, des relations internationales ; le monde se diviserait en trois grands types de sociétés : préindustrielles, industrielles et postindustrielles ; prémodernes, modernes et postmodernes ; pré-westphaliennes, westphaliennes et post-westphaliennes ; elles sont séparées par leur histoire, leur économie et leurs raisons de vivre.

Ce type de schéma se prête à un usage diplomatique aussi bien qu'à un usage militaire en ce qu'il justifie les nouveaux besoins de paix par de nouvelles causes de guerre. Assez bien connue est la thèse dite des « Trois vagues », conçue par un politologue américain [1] afin de justifier la pratique des « contre-guerres ». Trois civilisations ou trois « Vagues » se partagent le monde, représentant, chacune à sa manière, trois révolutions économiques. La première est agraire, la seconde est industrielle et la troisième est celle de l'exploitation du

---

1. A. Toffler, *Guerre et contre-guerre*, trad. P.-E. Dauzat, Paris, Fayard-Pluriel, 1996.

savoir. La première repose sur les ressources naturelles, la seconde sur la production industrielle de masse, et la troisième sur la « force cérébrale ». En termes politiques : coexistent des pré-nations, des nations et des post-nations. Chacune s'affirme, ou se préserve, par l'exclusion, voire la destruction des autres. Il existerait ainsi, analogue à une sorte de lutte des classes à l'échelle planétaire, un conflit entre des civilisations incompatibles, conflit qui est toujours prêt d'éclater de façon imprévisible, non seulement dans des parties du monde, mais à l'intérieur même des États.

On a d'autre part établi une distinction entre deux façons, pour les peuples, de réagir à l'hétérogénéité du monde. L'une considère l'asymétrie qui existe entre les États prémodernes et les États postmodernes comme un fait historiquement définitif et un facteur de guerre contre lequel il faut se défendre. C'est en particulier l'attitude caractéristique d'un État qui se considère comme *moderne*, à savoir les États-Unis. L'autre orientation, que l'on peut qualifier de *postmoderne*, et qui est jugée caractéristique de l'Europe, consiste à faire le choix de renforcer la souveraineté des États dans le monde, de façon qu'ils remplissent pleinement leur fonction au sens moderne du pouvoir d'État : canaliser la violence, maîtriser l'usage de la force, faire respecter leur souveraineté à l'intérieur comme à l'extérieur. Il s'agit de compter sur la sagesse politique des États pour espérer que la vie particulière des nations et la survie collective de l'espèce soient possibles dans un monde multipolaire [1].

---

1. H. Münkler, *Les nouvelles guerres*, trad. C. Obétais, Paris, Alvik éditions, 2003, p. 229.

Qualifier ainsi l'Europe de « postmoderne », c'est indiquer qu'elle assume un changement de paradigme politique, par lequel il s'agit moins d'unir que d'accorder, l'accord relevant de la négociation, de la conciliation, de l'ajustement, de la révision... par quoi les États membres apprennent à renoncer à la souveraineté monadique de leurs points de vue pour élaborer des règles acceptées en commun ; il s'agit d'organiser la cohabitation en dépit des divergences : « l'Union Européenne est l'exemple le plus développé d'un système postmoderne. Il représente la sécurité à travers la transparence, la transparence à travers l'interdépendance. L'U.E. est plus un système transnational que supranational, une association volontaire d'États plus que la subordination d'États à un pouvoir central. Le rêve d'un État européen reste celui d'un âge antérieur » [1]. C'est donc un nouveau type d'intérêt général qui serait en train de naître en Europe, dont l'État n'est plus le modèle politique puisque cet intérêt général consiste, précisément, dans le dépassement des souverainetés nationales. Outrepasser l'échelon national tout en évitant la formation d'un super-État serait le chemin d'une raisonnabilité juridique européenne, bien éloignée des rêves d'une fédération fraternelle rêvée par Victor Hugo. Il n'existe pas de peuple européen qui serait uni par la transcendance de lois issues de sa volonté commune. Le sentiment mutuel de vulnérabilité a remplacé tout européocentrisme conquérant, et le maintien d'une paix durable dans la prospérité et la liberté est une réussite qui se sait simplement régionale dans un monde incertain et violent. Ainsi se pratique un pluralisme de concertation

---

1. R. Cooper, *The postmodern State*, 2002, http://observer. guardian.co.uk/worldview/story/0.

et de surveillance mutuelle, un pluralisme instauré sur le mode de la médiation permanente ; sur le plan juridique, une politique active et militante des droits de l'homme veut être en mesure de forcer les États à placer le droit au-dessus de leur pouvoir ; sur le plan administratif, une gestion des interférences entre les affaires intérieures réglemente la taille des sabots, le mode de fabrication des saucisses et l'étiquetage des produits commercialisés.

L'HYPOTHÈSE D'UNE TRISECTION AXIOLOGIQUE DU MONDE

Si le modèle de l'État-nation comme intégration morale des volontés particulières est en défaveur à l'âge des politiques postmodernes, une autre référence commune disparaît au niveau international, la référence à une identité humaine universelle conçue selon le schème d'un progrès collectif de l'humanité vers une destination morale commune. Cette vacance a pour effet de modifier les enjeux axiologiques engagés dans les conflits. Dans la logique démocratique classique, le progrès est une valeur en ce qu'il promeut une modernisation juridique et politique qui fait passer de l'inégalité (tradition prémoderne) à l'égalisation des conditions (modernité politique) : on va linéairement de la condition prémoderne à une situation moderne. Ainsi, l'explosion des « Printemps arabes » fut tenue par les observateurs internationaux pour un mouvement allant dans le sens du progrès au motif que son but était de démocratiser et donc de moderniser. Néanmoins, les conflits sociétaux et les turbulences politico-religieuses qu'ils ont déclenchés ont créé une situation bien plus compliquée : trois, et non pas deux systèmes de valeurs divergents réclament un égal droit à la reconnaissance ; pour simplifier : le traditionalisme (valeurs fondées dans une transcendance), le modernisme (valeurs fondées dans l'universalité de la raison humaine) et le postmodernisme (valeurs fondées dans la singularité individuelle ou culturelle) peuvent diversement s'opposer ou se combiner de manière imprévisible.

Quand une fondation hiérarchique des valeurs s'enracine dans un ordre naturel ou cosmique où la supériorité et l'infériorité des conditions sont immuables et déterminées par la naissance, elle peut être dite « prémoderne » sur le mode holistique, qui fait prévaloir le tout sur l'individu (priorité de la famille, de la tribu, du clan ou de la société), intégrant comme valeur morale le sacrifice de l'individu au tout. La priorité de la famille se traduira, par exemple, par le maintien de la femme au foyer, de même que la priorité de la nation par le sacrifice de l'homme à la guerre. L'individu doit contribuer de toutes ses forces, physiques, intellectuelles et morales, et cela, jusqu'au sacrifice de soi, à la puissance de l'unité communautaire, à son indépendance et à son rayonnement dans le monde.

L'appellation de « prémoderne » est ici simplificatrice et ne sert qu'à marquer la distinction d'avec la fondation universaliste des valeurs chez les Modernes. Pour les Modernes, en effet, il est indispensable de faire la différence entre une obéissance volontaire qui institue le pouvoir et une obéissance forcée qui ne cautionne que la servitude. Ainsi, l'idée de « contrat social » entend dériver le pouvoir d'État des raisons de *vouloir* un État. Penser le pouvoir, c'est recomposer la genèse de son institution légitime. Cette manière de raisonner caractérise la conception moderne de la loi : la loi, que ce soit dans la science ou dans la morale, est pour les Modernes le commencement d'une unité qui surmonte la dispersion et qui rassemble la pluralité sous un principe commun.

L'appellation de « postmoderne » est, quant à elle, commode pour désigner une fondation des valeurs dont la nouveauté consiste à s'opposer à l'universalisme moderne. Lorsque les individus tendent à affirmer leur propre singularité et à en faire la source unique et exclusive des valeurs qu'ils revendiquent, la valeur n'est plus ce qui unit mais ce qui distingue, ce qui sépare, ce qui singularise. Les valeurs sont alors nécessairement plurielles, elles ne sont pas des normes générales, mais des croyances subjectives auxquelles chacun est porté spontanément, affectivement par sa sensibilité, son histoire personnelle et ses attaches particulières. Le singularisme individuel en est une manifestation, mais les clans, bandes et sectes unis par une même idiosyncrasie en sont une autre.

Au temps de la décolonisation, les pays qui s'émancipaient démontraient leur capacité de se moderniser par eux-mêmes. La référence à une sorte de messianisme historique capable d'entraîner le monde entier vers une société universelle organisée par le droit (rêve du cosmopolitisme des Lumières) ou vers une société sans classes (rêve de révolution sociale marxiste) encourageait à faire triompher l'égalité devant la loi entre les hommes, les sexes et les religions : on se modernisait, on s'inscrivait dans la ligne du progrès de l'histoire mondiale. En terre d'Islam, les États dévoilaient les femmes et scolarisaient la population, signe public d'autoémancipation. Aujourd'hui, quand la modernisation est contestée au motif qu'elle est d'inspiration occidentale, un mot d'ordre émancipateur antimoderne s'y substitue : le retour aux origines. Un mot d'ordre qui peut se décliner en version nationaliste, belliciste ou fanatiquement délirante quand il s'agit de fondamentalismes dont le recours systématique à l'ultra-violence montre la parfaite indifférence aux faits réels et aux hommes réels. Dans tous les cas, le schéma progressiste linéaire des Occidentaux est mis en échec. Au rêve républicain selon lequel ouvrir une école, c'est fermer une prison se substitue spectaculairement un contre-modèle (les événements du 11 septembre) qui met la maîtrise de la scientificité et de la technologie postmodernes au service d'un retour en force des valeurs prémodernes, ce que Régis Debray nomme un « paradoxal archaïsme postmoderne » quand « la modernisation des structures économiques, loin de le diminuer, exalte l'archaïsme des mentalités » [1].

Le sentiment d'assister à un « retour du religieux » peut inciter à substituer une lecture « décliniste » à la lecture optimiste du progressisme traditionnel, la *linéarité* du raisonnement restant la même : on allait vers le mieux, on va maintenant vers le pire, le progrès se fait à l'envers, la régression remplace la progression. Mais, en vérité, les choses sont bien moins simples, et notre schéma tripartite, tout sommaire qu'il est, peut aider à mieux comprendre la complexité des drames qui se jouent quand le désir de reconnaissance et de progrès s'appuie sur les ressorts contradictoires du rejet et de l'envie de l'autre tout à la fois. Transportons-nous dans

1. R. Debray, *Le feu sacré. Fonctions du religieux*, Paris, Folio-Gallimard, 2003, p. 399.

un pays qui s'est libéré de la colonisation occidentale : les élites cultivées et modernistes doivent faire face à *deux visions antagonistes* de l'universalité humaine : celle des Lumières occidentales (« penser par soi-même ») qui les inclut dans le progrès d'une civilisation universelle ; celle, aussi, qui vient de leur propre imaginaire d'une perfection originaire et oubliée, mais dont l'espérance d'un retour engendre l'affrontement avec l'Occident sur la question de l'universalité humaine ; un affrontement qui se joue sur le terrain du besoin de reconnaissance, une espérance encouragée par la postmodernité singulariste dans la mouvance de la religion postmoderne de l'authenticité. Ainsi, chaque positionnement axiologique peut affronter ou rejoindre, moralement ou stratégiquement, deux systèmes de valeurs et non un seul, ce qui donne lieu à des combinaisons imprévisibles de conflits entre prémodernité, modernité et postmodernité. Être « moderne » et politiquement démocratique oblige donc à se positionner vis-à-vis de l'archaïsme d'un passé révolu en même temps que de son retour dans l'imaginaire d'une authenticité légendaire. Le positionnement n'est plus linéaire, ce n'est pas une génération nouvelle qui affronte une génération ancienne au nom de valeurs plus progressistes, c'est un choix qui doit lutter sur deux fronts : le traditionalisme ordinaire (continuité historique d'une même communauté entre ceux qui sont morts et ceux qui sont nés) et la recréation futuriste d'un imaginaire du passé qui réclame sa légitimité au nom d'un impératif postmoderne de reconnaissance. Être « moderne » dans ce contexte trinitaire n'est pas sans risque quand la guerre civile menace : le partisan de la modernité est en danger d'être soupçonné de collaboration avec les anciens colonisateurs, et, aussi convaincu qu'il soit des valeurs du savoir et de la pensée critique, il peut craindre, pour l'avenir, d'empêcher un mouvement d'émancipation en quête d'une reconnaissance auto-fondée et auto-conquise. Inutile d'ajouter que la complication trinitaire du positionnement des choix axiologiques ouvre la voie à des instrumentalisations qui en redoublent la complexité.

L'INVENTION DU RELIGIEUX DANS LA LUTTE
POUR LA RECONNAISSANCE

Les peuples décolonisés avaient un passé, ils ont désormais une authenticité. Et le désir de reconnaissance s'exaspère quand il a pour mesure un imaginaire émotionnel, mobilisateur de foules ou de jeunes gens en déroute. Quand on craint d'être jugé constamment défaillant, scolairement ou professionnellement, ce qui revient en force, c'est la fiction des origines, la fiction d'une communauté unie, d'une puissance capable d'illuminer l'avenir en trompant enfin la logique des utilités, l'avènement d'une mutation magique du monde comme un film de science-fiction pourrait mettre en images un imaginaire.

Les sociologues de l'émigration l'ont observé : l'intégration des parents pouvait se faire sans déshonneur quand ils partageaient, matériellement et moralement, la condition et les chances de citoyens ordinaires du pays d'accueil, promues par le labeur, la constance et le dévouement, le travailleur s'intégrant dans une unité comme la partie dans un tout. Quand le travail est la valeur qui contribue à forger une solidarité collective, famille, entreprise ou nation, la forme holistique du pouvoir a pour vertu de réaliser une unité d'intégration, où chacun a une place dans un ordre qui est celui d'un organisme ; l'image de la république a son reflet dans le monde du travail, on attend de l'employé dévouement et honnêteté, ce qui lui vaut une reconnaissance morale ; une reconnaissance qui est la même dans la famille et dans l'école.

Mais quand la société concurrentielle mondialisée individualise les chances de chacun, les générations postérieures, qui n'ont vécu ni la communauté de vie avec les anciens colonisateurs, ni l'intégration dans l'école républicaine moderne, ni l'expérience des communautés de travail, sont en proie à la peur du déshonneur et de la faillite morale et, quand le mal-être ne peut même pas, faute de scolarisation suffisante, se traduire dans un langage partageable, alors il peut se faire que la passion de l'honneur se transforme en une idéologie monolithique et en un imaginaire ravageur qui domine la construction psychique de soi de ceux qui s'estiment vaincus par avance. Logique de l'honneur contre calcul des chances de bien-être. Cette hypothèse n'est certes pas une explication scientifique, mais une simple tentative de compréhension empathique de l'irrationalité des réactions : refus de l'école, incivilités, violences, racisme anti-blanc, radicalisme stratégiquement « religieux » par souci de massification, exaltation quasi-totalitaire d'une domination ultime et définitive sur les vivants de ceux qui méprisent la vie, destruction ostentatoire de toute espérance de civilisation, de toute conciliation future. La logique de l'attentat-suicide n'obéit pas un simple calcul (mourir en tuant), il s'octroie le pouvoir de détruire la métaphysique du sujet, d'origine occidentale, en lui opposant une métaphysique de la mort qu'un Occidental est incapable d'accepter pour lui-même… Celui qui fait de l'autodestruction de soi *un projet de vie estimable* transporte le désir de reconnaissance au niveau d'une guerre des symboles. L'enjeu en est la domination ultime du pouvoir de signifier, mis au défi d'affronter l'irrationnel et l'incompréhensible (la destruction totale de soi-même dût-elle en être le prix). Porter au-delà des repères juridiques internationaux, au-delà même des repères langagiers de la moralité et de la reconnaissance, l'exaltation d'une éthique de la soumission contre la culture occidentale de l'émancipation, élève le défi mondial à la hauteur d'une métaphysique. Une métaphysique de la mort ne défie plus simplement la raison, elle touche à l'irrationalité des pulsions pour tester la puissance ultime des raisons de vivre de chacun.

Un tel défi menace d'impuissance les zélateurs d'un *welfarisme* qui croyaient le calcul des intérêts définitivement mondialisé. En l'occurrence, le relativisme axiologique peut bien se présenter comme une réparation égalitaire en mode expiatoire (une manière de signaler que les Occidentaux ne sont plus dominateurs parce qu'ils se sont amendés), la réduction égalitaire des valeurs à la même échelle historique ne saurait convaincre des têtes persuadées d'être la voie d'une révélation du sens ultime de l'Être… Si bien que l'indifférentisme occidental, au lieu de pacifier, agit souvent, tout au contraire, comme un levain nourricier d'une guerre des signes, d'une guerre des identités, d'une « guerre des dieux ». Si les valeurs ne sont que de simples convictions, des choix affectifs ou culturels qu'il est impossible de justifier rationnellement, alors la lutte, voire le combat à mort, devient un moyen d'en prouver la puissance d'unir, de rassembler et de convaincre, et le désir de reconnaissance n'aboutit plus qu'à une montée aux extrêmes de la violence et de la guerre.

Or la complexification pluraliste, culturelle et morale, de l'action politique paraît en voie de se généraliser. A l'intérieur d'un même État, en effet, les citoyens peuvent nourrir des attentes différentes à l'égard du pouvoir ; une attente de type holiste, traditionaliste et prémoderne, pour les uns, une attente de type légaliste et moderne pour les autres, une attente individualiste, *welfariste* et post-moderne, enfin, pour une troisième catégorie d'entre eux. Cette manière de voir, simplement schématique, fait ressortir que tous les types d'États, qu'ils soient prémodernes, modernes ou post-modernes, doivent affronter, dans des proportions et selon des chronologies différentes, une nouvelle combinatoire de conflits potentiels, un défi pour une nouvelle responsabilité : définir ce que peut être une politique de civilisation.

CHAPITRE VII

LES VERSIONS DU PLURALISME

Le pluralisme se présente ainsi comme une nouvelle morale de la civilisation des mœurs, qui veut bâtir sa quête d'unité compréhensive, encore introuvée, sur la reconnaissance de singularités indépassables. Un défi incontournable pour la démocratie. Mais, le but étant de réunir les esprits et les efforts dans une même culture publique, il est difficile d'échapper à la tentation de donner au pluralisme l'autorité d'un moralisme hégémonique. Le pluralisme est ainsi l'objet d'appropriations politiques rivales.

LE PLURALISME EXPIATOIRE

Il est un pluralisme qui nous met, nous Européens, assez facilement d'accord, c'est un pluralisme auto-critique qui peut aller jusqu'à la détestation de soi. Ce pluralisme exprime le rejet du nationalisme, de l'impérialisme, du colonialisme et du totalitarisme par le dénigrement de soi; les Européens attestent la sincérité de leur rejet quand ils se regardent comme les auteurs d'une histoire achevée, une civilisation épuisée, enfermée pour jamais dans un passé révolu[1]. Le pluralisme

---

1. L'historien Marc Ferro observe la trace d'une « ultime exigence d'orgueil » dans le privilège « de parler en noir de ses propres méfaits

expiatoire ne reconnaît pas d'autre identité proprement européenne que sa pratique de l'ouverture à l'autre[1], le progressisme européen ayant désormais fait le choix d'assumer sa propre décadence pour saluer l'émergence de cultures étrangères à la sienne ; la conviction s'impose que l'égalité démocratique, pour se répandre dans le monde, passe désormais par la relégation des nations européennes qui ont porté et diffusé l'idéal scientifique et moral de progrès.

La deuxième moitié du XXe siècle, à la suite de la critique heideggérienne de la métaphysique occidentale, ne voit dans l'humanisme moderne que le bilan négatif de la civilisation européenne, le christianisme, les Lumières et le marxisme passant pour avoir épuisé leur sens dans la promotion des totalitarismes ; aujourd'hui, le progressisme et l'universalisme étant assimilés à un anti-naturalisme, la *deep ecology* fait à son tour grief de son humanisme à la civilisation de l'Europe ; un moralisme anti-européen invite l'Europe à faire du rejet de cet humanisme un signe de tolérance et d'ouverture au monde, comme si son auto-négation était l'ultime témoignage de l'universalisme de ses valeurs. Aussi la frontière qui sépare l'ouverture à

avec une intransigeance inégalée », *Histoires des colonisations*, Paris, Points-Seuil, 1994, p. 9.

1. « La valeur européenne qui les résume toutes, c'est l'"ouverture à l'Autre", c'est un universalisme "sans frontières". La particularité européenne réside alors dans une ouverture particulièrement généreuse à la généralité, ou l'universalité, humaine. Quoi qu'on pense de cette généreuse évaluation de notre générosité, il est clair que nous ne mentionnons alors l'Europe que pour l'annuler. Nous ne connaissons que l'humanité ! Nous n'avons pas d'existence propre, nous ne voulons pas, nous ne voulons d'aucune façon, qui serait nécessairement particulière, d'un être propre. », P. Manent, *La raison des nations*, Paris, Gallimard, 2006, p. 93.

l'autre du dénigrement soi n'est-elle pas toujours facile à discerner, la profession d'un indifférentisme culturel et moral traduisant à la fois l'une et l'autre; affirmer l'égale dignité des cultures peut s'entendre, en effet, comme une conclusion ethnographique aussi bien que comme un discours expiatoire. D'un côté, le choix de l'ethnographie comme référence égalisatrice a été reçu comme un acte de générosité intellectuelle de la part de l'Europe[1], puisque la référence à l'idéal (européen) d'émancipation humaine pouvait cesser d'être un critère de justice universalisable[2]. Mais, d'un autre côté, la dégradation relativiste de l'idéal universaliste n'est pas simplement un acte d'humilité culturelle, elle détruit la fondation morale humaniste des droits de l'homme. Une confusion assez courante entre le pluralisme humaniste et le pluralisme séparatiste contribue au succès moral du différentialisme axiologique et culturel: affirmer l'égalité de toutes les cultures est tenu pour un renforcement de l'exigence d'égalité et de tolérance, car la fin est posée comme humaniste (préserver les cultures de l'hégémonie culturelle d'une seule d'entre elles); mais la méthode utilisée et qui part de l'équivalence de toutes les valeurs culturelles est séparatiste, voire belliciste, faisant du droit à la différence un droit d'exclure et de s'exclure. Il résulte de cette ambiguïté que l'humanisme laïc, paradoxalement, peut servir de caution morale au séparatisme culturel, le respect des identités pouvant se convertir en une exaltation des appartenances. Pour des

1. E. Levinas *Humanisme de l'autre homme*, Paris, Fata Morgana, 1972, p. 55.
2. Ainsi, un groupe d'universitaires sociologues, à Caen en 1985, rédigeait une pétition contre un tribunal qui avait condamné la pratique de l'excision.

observateurs de terrain comme l'ONU ou les grandes ONG, c'est une confusion dommageable qui permet à des régimes autoritaires ou dictatoriaux ouvertement antihumanistes de légitimer des violations graves des droits de l'homme au nom du respect des particularismes culturels.

L'humanisme moderne affirme l'existence d'une identité universelle humaine, d'une part de transhistoricité présente en tout être humain, qui en fait un sujet dont la dignité est porteuse de droits. Réduire cet universalisme à un avatar de l'occidentalisme, à un européanisme, c'est *communautariser* l'universel en en reniant la véritable nature : car il n'appartient à aucune culture, il est un principe et une valeur, c'est-à-dire une finalité que toutes les cultures peuvent viser et qu'elles ne construiront de toutes façons que consensuellement. Aussi le choix de récuser l'humanisme pour en abolir l'universalisme renferme-t-il un pouvoir destructeur qui dépasse son objectif si ce dernier est d'obtenir une estime de soi fondée sur la reconnaissance de l'autre. Un tel choix engendre, en effet, un indifférentisme nihiliste qui ne fait que détériorer la prétention de chacun à une estime de soi culturelle, l'égalité ne valant rien quand elle réduit à une égale insignifiance. En vérité, l'Europe n'est ni détentrice ni gardienne de l'idée d'universalité, elle n'en est qu'une forme, elle est elle-même dépassée par l'universalité qui la traverse.

Le problème se complique aujourd'hui avec l'apparition de nouvelles formes d'antihumanisme, comme le rejet de l'« exception humaine », fondée sur la liberté, la dignité et la créativité de l'homme, au nom des droits de la nature ; taxer l'humanisme de *spécisme* conduit à d'inquiétants questionnements, comme de se demander si la vie d'un grand singe en bonne santé ne vaut pas mieux que celle d'un humain handicapé[1]. Le nazisme rejetait, lui aussi, l'idée d'exception humaine, jugeant que, dans l'humanité comme dans la nature, la loi de la vie veut que le fort écrase le faible ; l'exemple montre comment le naturalisme peut servir de prétexte à la dégradation de l'homme par l'homme.

Ce qui menace la foi de l'Europe en elle-même, ce n'est plus, comme au temps des totalitarismes, un ennemi idéologique, c'est sa propre faiblesse, faiblesse *de croire que son destin est le déclin,* irrémédiablement et fatalement. Cette faiblesse morale fausse le rapport à l'autre, favorise paradoxalement le séparatisme communautariste et fait le lit des réactions populistes. L'autodénigrement confine à la déresponsabilisation quand il empêche de voir que les problèmes sociétaux ont bien changé depuis l'époque de la décolonisation, et qu'il faut penser aujourd'hui les problèmes d'aujourd'hui[2]. Le relativisme axiologique est un faux ami du pluralisme en ce qu'il fait reposer la cohabitation des convictions sur la base d'une défiance réciproque au lieu d'une estime mutuelle. Quand l'indifférentisme est ressenti comme un déni de la culture occidentale encouragé par les élites intellectuelles elles-mêmes[3] et dont l'effet est de

1. P. Singer, *Comment vivre avec les animaux ?*, trad. J. Sergent, Paris, Les Empêcheurs de penser en rond-Seuil, 2004, p. 115.

2. « Le cœur des ténèbres depuis un demi-siècle, ça n'est plus l'épopée coloniale », P. Bruckner, *La tyrannie de la pénitence. Essai sur le masochisme occidental*, Paris, Hachette, p. 23 et 24.

3. « En s'appropriant la vertu contestataire, les élites de gauche ont renvoyé le peuple au conservatisme (…) l'inscription de la doctrine libérale-multiculturaliste dans de multiples textes et institutions, et sa

favoriser la montée des communautarismes identitaires dans l'espace public, alors c'est le pluralisme lui-même qui est condamné et rejeté, parce qu'il impose de penser et de vouloir *contre soi*, non par liberté, mais au nom de l'autorité gagnée par un autre, l'autre culture, l'autre communauté.

LE PLURALISME COMPÉTITIF

Le pluralisme est utile en politique parce qu'il est devenu le nouveau nom du progressisme, un progressisme post-messianique qui ne cherche plus à unir les foules ni à promettre la réconciliation, mais dont le but est une coexistence pacifique dans le respect des différences propres à chacun. Ce pluralisme régénère le libéralisme. Le succès économique, on l'a vu, ne suffit plus à légitimer la doctrine libérale, un régime autoritaire pouvant offrir des garanties politiques plus grandes d'efficacité et de productivité par la contrainte. Il faut donc, en Occident, un libéralisme à visage humain, individuellement humain, qui implique l'individu dans un projet professionnel concerté, qui le regarde comme une histoire en train de s'accomplir et reconnaisse son souhait de « vie bonne », de vie justifiée, digne d'être estimée par les autres.

diffusion à grande échelle par les médias, l'affichage ouvert de la volonté de « changer de peuple » en faveur des « dominés » en enjambant les catégories populaires et l'arrogance finale d'une élite politique devenue une caste par un subtil jeu d'immobilisation institutionnelle (décentralisation et création de multiples emplois afférents, cumul des mandats, limitation de l'ouverture et du renouvellement à la parité et la diversité) ont fait le reste. », L. Bouvet, *Le sens du peuple. La gauche, la démocratie, le populisme*, Paris, Gallimard, 2012, p. 282.

Le terme de « pluralisme » recouvre ainsi le sens d'un approfondissement de la doctrine libérale, laquelle passe d'une fonction économique et politique à une fonction existentielle et culturelle. Un nouvel âge du libéralisme, l'adaptation du libéralisme aux flux humains engendrés par la mondialisation conduirait ainsi d'un libéralisme « libéralisme 1 » à un « libéralisme 2 » [1], selon les qualifications de Michaël Walzer, d'un libéralisme neutraliste à un libéralisme différentialiste, le libéralisme passant de la neutralité envers les différences à un engagement en faveur des différences. Le libéralisme pluraliste entend ainsi promouvoir l'égalité des chances à la reconnaissance des minorités opprimées, comme les femmes, les hommes de couleur et les homosexuels.

Ce libéralisme pluraliste s'adapte à la mondialisation et il entend offrir à chacun, quelle que soit sa condition, les chances d'une personnalisation accrue dans la concurrence marchande, dont la possibilité repose, à l'origine, sur la formation, et donc sur la concurrence entre les écoles et les universités. Etant ce qui justifie le pluralisme en le mettant à l'épreuve, le marché impose la lutte tout en favorisant la possibilité d'y prendre part, il unit les différences dans la communauté d'un même intérêt, à savoir une réussite professionnelle identifiable à une réussite à la fois sociale et personnelle. Une réussite exemplaire. Une exemplarité qui alimente spectaculairement les médias de masse : vedettes du football, stars de la chanson, rappeurs… autant de vies devenues illustres parce qu'élevées au rêve suprêmement désirable, celui d'un merveilleux passage de l'obscurité à la

1. M. Walzer, Commentaire de *La politique de reconnaissance* de Charles Taylor, *op. cit.*, p. 131.

reconnaissance, de l'infériorité à l'éminence. La richesse change de sens aussi bien que la pauvreté : elle n'est plus l'accumulation d'argent dans un monde durablement stratifié en classes et en codes rigides et fermés ; elle consiste plutôt dans l'accès à la décision (via l'argent, certes, mais surtout via les réseaux de communication), et donc au pouvoir de conjoindre l'avoir, le pouvoir et l'honneur, l'acte inouï de se donner socialement naissance à soi-même sur la base d'une réussite économique personnelle. Si les « affaires » en politique et dans le show business paraissent contradictoirement à la fois magiques et scandaleuses aux yeux du public, c'est qu'elles révèlent cette nouvelle condition démocratique, accaparée par une oligarchie et refusée au plus grand nombre ; faire admirer publiquement le sens d'une réussite (un succès de grand spectacle, politique, musical ou sportif) crée une émotion qui agit comme un appel quasi-religieux à une communion morale hors le temps et l'espace ; mais les conditions financières de cette réussite sont si extravagantes qu'elles réduisent l'exalté d'un moment au rôle d'exclus d'une société du spectacle de plus en plus réduite à quelques *happy few*).

L'égalité des chances est donc bien un objectif libéral, mais qui se joue en version concurrentielle, sans ménager, loin de là, le courage de risquer et la force d'investir une grande part de sa vie dans le travail, ce que savent d'ailleurs bien tous les parents. C'est par la compétition que les étudiants cherchent à prendre une place dominante parmi les nouvelles élites de la mondialisation, quand les universités entrent dans une rivalité générale à l'échelle du monde, se jugent, s'évaluent, se classent et se déclassent. Le pluralisme rajeunit ainsi la dynamique d'un capitalisme rénové, pour qui la singularité, l'originalité et la liberté contestatrice sont des facteurs de disponibilité, de mutabilité et de flexibilité personnelles. Capitalisme « artiste », nourri de l'authenticité de l'individualisme inventif, qui a « récupéré » à son profit la révolte de la singularité désirante contre le volontarisme moral de l'autonomie, jouant sur la variété des registres de la culture de soi. Il favorise la *capabilité personnelle*, qui fait d'un sujet un pouvoir effectif d'agir plutôt qu'une entité fictive pourvue de droits abstraits, un art de vivre plus inventif et moins conformiste. Mais on sait que les bénéfices n'en sont pas pour tous, et la sociologie indique que ce sont surtout les classes moyennes qui sont à même de combiner un pluralisme à la fois social et libertaire, socialement hostile aux discriminations morales tout en légitimant la jouissance individuelle du bien-être économique. Une synthèse pluraliste qui peut, certes, comporter de d'hypocrisie (celle des « bobos ») quand la rhétorique de l'ouverture à l'autre n'est que la projection fantastique de l'image de soi d'un privilégié à la terre entière ; mais le véritable danger est que les classes moyennes supérieures qui ont réussi leur *establishment* postmoderne croient à l'immobilisme des classes populaires. Car il faut bien reconnaître que le goût du changement, l'éloge de la mutabilité sexuelle ou familiale, le culte de l'affirmation de soi sont les expressions d'une culturalité particulière et ne sont pas une condition universelle de la pensée et de la vie[1]. La privation de l'accès à cette culture du

---

1. « Les femmes des milieux populaires sont les premières victimes de la désinstitutionnalisation du mariage », D. Schnapper, *Qu'est-ce que l'intégration ?, op. cit.*, p. 169.

paradoxe et des anti-codes rend difficile, aux classes défavorisées, le partage du pluralisme libéral-libertaire, ce qui provoque aussi une fracture entre les « élites » et le « peuple ». Le pluralisme libéral, héritier de la culture singulariste, agit indirectement comme un fauteur de populisme, la contre-culture libertaire suscitant à son tour une anti-contre-culture...

LE PLURALISME, PENSÉE UNIQUE DU BIEN

Le culte de la différence de l'autre annonce tant de tolérance, d'ouverture et de fraternelle compassion qu'il est tentant d'en faire un bien politique définitif, une sorte de morale d'État. Qui refuserait à la simple idée d'aider son prochain d'être un facteur éthique d'indéfectible union ? Vouloir le pouvoir, n'est-ce pas faire en sorte que ce qui est juste devienne fort, unir le Juste à la Puissance ? En politisant la morale pluraliste, le pouvoir entend ainsi se mettre tout simplement au service d'un Bien suprême.

Mais comment faire la preuve qu'une conviction est plus « vraie » qu'une autre ? Quand il faut convaincre les esprits de la supériorité morale du but ultime de l'action politique, la tentation dogmatique revient à la charge : est dogmatique une vérité qui sait se rendre infalsifiable, c'est-à-dire indiscutable. Et le Bien ne se fait jamais plus clairement reconnaître comme tel que dans un rôle défensif, dans la lutte contre le mal que sont le fascisme, le racisme, le sexisme, l'homophobie, le spécisme... Aussi l'infaillibilité morale de telles positions autorise-t-elle à en diaboliser les adversaires, la tendance à manichéaniser les débats entre « bons » et « méchants » étant un mal endémique : pour que l'un ait raison, il faut que l'autre ait tort ; la vérité s'impose par K.O.

Une idéologie est la logique d'une seule idée, selon une définition célèbre donnée par Hannah Arendt, une idée impossible à rectifier dès lors qu'elle prétend à l'explication intégrale des faits, car elle sait englober dans son champ discursif tout ce qui pourrait la contredire. Ainsi, une objection adressée à la théorie de la lutte des classes, à l'âge du stalinisme, est mécaniquement invalidée par le fait qu'elle passe pour révéler, précisément, une attitude bourgeoise et donc contre-révolutionnaire ; le propre d'une idéologie est d'avoir toujours raison en se rendant infalsifiable : celui qui ne partage pas les convictions dominantes est le captif du Mal et n'en pourra jamais sortir, en dépit de tous ses arguments. L'idéologie, de nos jours, consiste à mette un choix sociétal à l'abri de toute discussion et « dé-pluraliser » ainsi le débat. C'est ainsi que le progressisme d'État ne se discute pas.

La fabrique politique du Bien relève de l'art de convaincre. Certains théoriciens d'une démocratie « radicale », constatant l'éclatement de l'espace public entre des convictions morales rivales, ne voient de solutions que circonstancielles, stratégiques et rhétoriques : l'hégémonie d'un point de vue dans l'espace public s'instaure par instillation dans les esprits des associations morales (des « chaîne d'équivalences ») qui s'imposent comme génératrices de liens civiques illusoirement producteurs d'un même bien commun politique. Il peut s'agir d'amalgames choisis en fonction des circonstances et des éléments de langage à la mode. « Il n'y a pas, par exemple, de lien nécessaire entre l'anti-sexisme et l'anticapitalisme et une articulation entre les deux ne peut être que le résultat d'une articulation hégémonique »[1] : la formule décrit ici la fabrication d'une stratégie provisoire, au nom d'une cause provisoire pour une hégémonie provisoire. Comment trouver une version commune du « Bien » quand il met en cause des enjeux moraux, anthropologiques, économiques, sociaux, générationnels, historiques et culturels ? Ce fut le cas, en France pour la question du mariage homosexuel dont les liens avec l'assistance médicale à la procréation et la grossesse pratiquée pour le compte d'autrui suscitaient des conflits d'interprétations au sein des familles aussi bien que de la classe politique. Beaucoup ont eu l'impression qu'une rhétorique compassionnelle permettait à un progressisme expiatoire, condamnant par avance d'homophobes les avis non conformes pour cause de déficit d'ouverture à autrui, de l'emporter sur d'autres considérations éthiques et anthropologiques. Mais il est possible aussi d'imputer l'impopularité du résultat au mode opératoire d'un moralisme étatique qui impose le Bien à la population comme si elle n'était qu'une masse inculte et amorale qu'il convient de redresser par des contraintes disciplinaires, et comme si la solidarité républicaine ne faisait pas du peuple le porteur des valeurs morales qui justifient en dernier ressort l'autorité de la loi. Il est possible de juger simplement réactionnaire et borné l'attachement à une figure immémoriale du lien conjugal, mais sans oublier pour autant que les valeurs sont des vertus et que les vertus sont des actions, qu'en démocratie les partenaires sont associés dans la genèse du sens commun des normes collectives, qu'il est parfois prudent de remettre en cause la figure archaïque du

---

1. E. Laclau, C. Mouffe, *Hégémonie et stratégie socialiste*, Paris, Les Solitaires intempestifs, 2001, réédition 2009, p. 306.

progressisme qui prend tout recul de la morale pour une avancée des mœurs et que la tentation hypermoderne de remplacer l'éthique par la technique ou l'action par la fabrication mérite souvent de provoquer la réflexion.

La morale populaire n'est pas intolérante par nature ni par vocation, mais elle a besoin d'exemplarités, de cas sublimes (le spectaculaire ne fait pas le sublime) qui font de la moralité ce qui agit comme un appel, ce qui fait qu'un individu se sent exhorté à suivre un exemple, comme une manière de vouer sa vie à une cause. De telles attentes morales sont hâtivement jugées dépassées par les mœurs alors que, pourtant, la foi dans la stabilité spécifiquement morale des institutions, en dépit de leur inévitable variation juridique et politique, reste un mobile irréductiblement éthique de la participation populaire à un destin commun. La déconstruction permanente n'est pas populaire.

LE PLURALISME EMPATHIQUE

Chacun se veut contradictoirement « pluraliste » en cultivant le souci de soi sur fond de solidarité avec les autres[1]. En chacun cohabite un égocentrisme qui entend mettre à son profit particulier la libéralisation des mœurs

---

1. « Nous sommes tous contre l'euthanasie, mais nous ne voulons surtout pas souffrir, et, encore moins, que nos proches nous embarrassent de leurs souffrances interminables. Nous sommes contre l'eugénisme, mais nous ne voulons pas d'enfants anormaux et pensons à leur place qu'eux non plus n'auraient pas voulu être ce qu'ils sont. Nous sommes tous pour le respect inconditionnel de la vie contre la peine de mort, mais nous voulons avoir une sexualité libre qui nous épanouisse et éviter les naissances non désirées grâce à la liberté de l'avortement », Y. Michaud, *Humain, inhumain, trop humain*, Paris, Climats, 2006, p. 91.

et un altruisme qui se persuade que les bienfaits qui valent pour soi valent pour tous. La fonction du pluralisme est donc également de valoir comme une éthique de solidarité entre le soi et l'autre.

La compassion est cette sortie de soi qui reconnaît dans l'autre un semblable selon le jouir et le souffrir. Elle a été analysée comme un *sentiment démocratique* qui abolit l'insensibilité de caste à la souffrance d'autrui[1]. Aller plus loin, et étendre la disposition à ressentir jusqu'à la faire communier dans l'humiliation subie par un autre que soi fait entrer en jeu un degré supplémentaire d'éthique participative. Une autre éthique que celle de la pitié est requise, une éthique qui cultive la proximité, la sollicitude, la préservation de l'autre en tant qu'il est un autre. Telle est l'éthique de la vulnérabilité. Elle trouve une source ontologique dans la doctrine lévinassienne de la responsabilité pour autrui, qui abolit la souveraineté individualiste de la compassion : ce n'est pas moi qui me porte avec condescendance vers le malheur d'autrui, c'est l'autre qui, dans sa nudité, sa souffrance ou sa détresse casse l'impérialisme de mes certitudes morales ; la morale qui en résulte n'est pas le triomphe d'un sujet compatissant, mais l'apprentissage terrible et humiliant de la responsabilité pour autrui : je ne choisis pas d'aider, quelque chose en moi court-circuite ma volonté et décide sans moi : la fragilité et l'impuissance d'autrui, son extrême dénuement. Le « Je » devient passif, il n'a

---

1. « Il n'y pas de misère qu'il ne conçoive sans peine et dont un instinct secret ne lui découvre l'étendue. En vain s'agira-t-il d'étrangers ou d'ennemis : l'imagination le met aussitôt à leur place. Elle mêle quelque chose de personnel à sa pitié, et le fait souffrir lui-même tandis qu'on déchire le corps de son semblable », A. de Tocqueville, *De la démocratie en Amérique*, tome 2, chap. I, *op. cit.*, p. 208.

pas d'autre choix que de s'effacer devant une puissance d'exister dont la raison d'être est au-delà de tout pouvoir humain. Respecter dans la vulnérabilité d'autrui le mystère d'un don de l'être qui appelle la sollicitude et l'attention relève d'une sorte de métaphysique de l'amour. Elle trouve dans le milieu hospitalier une application qui ne manque pas de grandeur quand la vulnérabilité de patients polyhandicapés, dont la vie est dépendante d'autrui, délivre la sensibilité des soignants de l'arrogance ou de l'indifférence des bien-portants et restaure en eux une disponibilité créatrice[1].

Est-il possible d'appliquer cette sollicitude exemplaire au domaine des pratiques sociales ordinaires? La « philosophie du *care* » ou « éthique du soin » s'y efforce. Elle s'appuie sur une base qui se veut large : à l'âge de la mondialisation, tous les individus sont fragilisés, parce que leur vie devient précaire (la précarité professionnelle se généralise). L'éthique du soin prend pour référence l'individu souffrant, l'individu sensible. Elle s'efforce de porter plus loin la fonction redistributrice de l'État-Providence, en orientant les aides en direction des individus les plus fragiles (les migrants, les femmes, les chômeurs, les déclassés…). Quand l'empathie se porte sur une subjectivité singulière, on se juge plus fraternel, existentiellement plus proche de l'autre, la sensibilité à la souffrance se particularisant et se diversifiant.

1. « Il faut des êtres sensibles, et même plus sensibles que le commun des mortels, pour éprouver la fragilité des choses et la sienne propre (…) Des vulnérabilités, souvent douloureuses, ont été métamorphosées en créativité et en inventivité. », P. Valadier, « Apologie de la vulnérabilité », *Revue Études*, Paris, février 2011, p. 204.

L'orientation altruiste est bien contextualisée et alimente une nouvelle éthique sociale.

Mais elle repose sur un postulat que l'on peut discuter. En tant que projet de société, l'éthique du soin tend à d'abord à secourir les victimes d'un système culturel qui valorise l'activisme, le volontarisme et l'esprit de conquête. Aussi tend-elle à privilégier la vulnérabilité plutôt que la maîtrise, la subjectivité sensible plutôt que le sujet résolu, la passivité plutôt que la volonté et à réduire l'autonomie à un simple culte de la performance. Se trouve alors gommée la dimension morale et même spirituelle de l'autonomie personnelle. L'autonomie en son sens fort est une capacité d'auto-imputation (chez Ricœur) et une morale du dépassement intérieur de l'égocentrisme en chacun (selon Kant), tandis que le vœu d'indépendance et d'autosuffisance est lié, quant à lui, au singularisme post-moderne et à son perspectivisme (à chacun son point de vue). Réduire l'autonomie au culte de la performance personnelle, c'est faire un tableau de la société où ne figurent que des gagnants et des perdants, et donc, finalement, des acteurs économiques exclusivement, tous engagés dans un système dont ils profitent ou bien dont ils sont exclus : on a du travail ou bien on est chômeur ; on a du pouvoir ou bien on est asservi. A jeter l'anathème sur le libéralisme pour ses présupposés économistes et utilitaristes, le « *care* » risque d'en suivre paradoxalement la démarche, l'individu ne faisant finalement que calculer ses chances de ne pas souffrir d'un système (quand il a craint d'être victime) ou de maximiser ses opportunités de bien vivre (quand il espère en tirer profit).

Mais la compassion vraie se méfie d'un compassionnalisme mécanique qui dégrade l'assisté, augmente la frustration et le ressentiment en faisant de l'individu un ennemi permanent de la société. Quand un pluralisme utilitariste adopte lui-même le langage de la sollicitude pour faire de la jouissance de la vie un bien de consommation banal et commun, la compassion a besoin d'être dépassée par la générosité. S'il est vrai, en effet, que le culte de l'affirmation de soi engendre une indifférence générale à la souffrance des autres, le compassionnalisme institutionnalisé tend trop souvent à consacrer le déclassement des victimes de l'échec social, à les marginaliser dans la pauvreté et finit par produire des exclus par bienfaisance. L'altruisme lui-même peut inspirer une pratique déprimante, de même que la pitié quand elle n'est qu'« une passion triste » qui rétrécit la vie et détruit l'espérance au lieu de l'apporter ; mais la vraie générosité ne maintient pas l'autre dans l'affliction, le désarroi ou la souffrance, elle lui communique, tout au contraire, le pouvoir de pouvoir, la « capabilité », la puissance de vouloir et de risquer. Parce que le don suscite le contre-don, la générosité peut être créatrice ou recréatrice d'une puissance d'agir.

CHAPITRE VIII

PLURALISME, SPIRITUALITÉ ET GUERRE DES SYMBOLES

La diversité confessionnelle mérite une attention particulière en ce qu'elle défie les politiques de la pluralité de deux manières : par des violences de niveau infra-politique (graffitis, injures, incivilités, dégradations de bâtiments publics…) et par des revendications de légitimité supra-politiques (quête de Dieu, aspiration à l'absolu, vérité transcendante, fidélité à une origine sacrée…). La cause pluraliste souffre à la fois d'être idéalisée, ce qui engendre des frustrations dont le surmontement ouvrirait la voie au partage d'un monde commun, et d'être instrumentalisée par des radicalismes dont l'unique but est d'en interdire l'espérance.

LA GUERRE DU SENS

La guerre du sens est une guerre qui vise à déstabiliser une communauté (communauté scolaire, communauté urbaine ou communauté nationale) en portant atteinte aux symboles qui sont publiquement représentatifs de ses valeurs. Placarder une croix gammée sur une synagogue, incendier une école, brûler un drapeau national etc. sont des faits caractéristiques d'une guerre faite aux symboles qui servent de ciment social et existentiel à un groupe humain. Dans le cas de pures réactions d'humeur qui traduisent un degré simplement puéril et irréfléchi de contestation, il s'agit de gestes plutôt que d'actes (on barbouille une affiche publicitaire, on défigure le portrait d'un candidat…). Mais quand le Juif est visé dans la profanation de la synagogue, quand la culture est visée dans la dégradation d'une école et que la république est visée dans l'inflammation du drapeau national, on peut parler d'une guerre du sens, d'une guerre faite aux repères cardinaux d'une communauté dans le but de la démoraliser : l'incivilité est un acte d'irrespect affiché qui a, comme tel, pour but de ruiner l'estime de soi des individus qui appartiennent à telle ou telle communauté ou catégorie. La guerre du sens n'est pas politique, mais existentielle. Entendons par là qu'elle ne se donne pas, pour justification, des revendications politiques correspondant aux catégories avalisées par l'espace public culturel et juridique où vivent et pensent les individus : socialisme, libéralisme, anarchisme, communisme… Elle délaisse ces cadres trop classiques, trop médiatisés et trop conceptuels, pour opposer du « ressenti » à du « ressenti », le ressenti du « mal être » contre ce qui est supposé être le ressenti du « bien-être ». Deux façons nouvelles et rudimentaires d'opposer le « bien » au « mal ».

Les mots, ici, ont le même flou que les idées qu'ils servent à véhiculer, mais qu'ils peuvent tout aussi bien trahir. Car l'élasticité du « mal être » est immense : elle va d'une mauvaise note mal digérée (au collège) jusqu'au crime auto-légitimé (le meurtre d'un touriste parce qu'il « représente » l'ancien colonisateur). Ce qui déconcerte est l'illogisme de tels actes, car ils ne sont pas stratégiquement intelligibles (comment comprendre la contestation si elle ne s'exprime pas dans une forme identifiable ?). Un tel illogisme stratégique ne traduit aucune recherche d'efficacité mais seulement la volonté de détruire : quand on fait la guerre aux symboles, on veut opposer un sentiment de l'existence à un autre, on veut détruire les justifications qui permettent à l'autre (pense-t-on) d'être heureux. Ce n'est pas la richesse de l'autre qui est en cause et qu'on agresse, c'est son désir de vivre bien, son existence, son « existentialité », sa manière de s'adresser à l'existence et d'en attendre une certaine qualité de vie. Si on l'agresse, c'est pour sa représentativité symbolique.

Quand la violence s'en prend aux *symboles* de la puissance, de la prospérité ou de la réussite, elle affronte quelque chose de plus que des biens matériels, elle provoque la crise de confiance en soi de toute une culture. On observe ainsi que la guerre du sens vise fréquemment des abstractions, des entités abstraites (la Modernité, l'Occident, l'Arrogance, la Société de consommation etc.) et que cela a pour effet d'illimiter, en quelque sorte, le processus de son auto-régénération, d'accélérer la périodicité de son pouvoir de renaître. D'une abstraction, il est possible de faire un ennemi absolu à détruire absolument (l'inégalité, par exemple), et dont la destruction n'aura jamais de terme puisqu'une violence physique périodiquement déchaînée ne saurait détruire définitivement le projet ou l'intention que l'on prête à celui dont on fait un ennemi. Une abstraction justifie une sorte de montée aux extrêmes (incendier le plus grand nombre possible de voitures, torturer à mort un « camarade »…)

par un processus de réciprocité mimétique analysé par René Girard, à savoir qu'il n'y pas d'agresseurs, mais seulement des agressés : « *L'agresseur a toujours déjà été agressé.* Pourquoi les rapports de rivalité ne sont-ils jamais perçus comme symétriques ? Parce que les gens ont toujours l'impression que l'autre est le premier à attaquer, que ce n'est jamais eux qui ont commencé, alors que, d'une certaine manière, c'est *toujours* eux » [1]. Le processus mimétique est devenu dévorant parce qu'il devient planétaire au rythme de la mondialisation ; les objets du désir devenant de plus en plus symboliques à l'âge où l'économie marchande favorise le désir du désir de l'autre (l'imitation d'autrui par la possession des mêmes objets, des même comportements, des même symboles), le processus de régénération de la violence devient lui-même sans fin. Et comme le sacré est lui-même devenu fauteur au lieu d'inhibiteur de la violence, la « théologisation » des conflits ne fait que les envenimer. On sait la suite, apocalyptique, de la thèse girardienne : l'exacerbation de la violence serait devenue la loi de l'histoire planétaire future…

Quand la violence se fait instrument de dé-légitimation du pouvoir, elle joue le rôle d'un déstabilisateur des institutions qui a pour effet de détruire la simple possibilité d'un monde commun. La violence scolaire est particulièrement malheureuse à vivre et à observer à cet égard, parce qu'elle rend impossible la « durabilité » nécessaire pour faire un monde commun : agressions, insultes et moqueries empêchent que puisse durer le cours qui vient à peine de débuter ; la circularité du processus saute aux yeux : on veut « prouver » le manque

---

1. R. Girard, *Achever Clausewitz*, Paris, Carnets Nord, 2007, p. 53.

d'autorité de l'institution (du professeur), mais on a commencé par la détruire. On fabrique l'incompétence que l'on veut dénoncer. Dans le cas des violences urbaines, le processus est le même : si l'autorité publique reste passive, la violence gagne en impunité ; si l'autorité publique riposte avec les même armes, elle se discrédite entièrement.

L'injustice elle-même peut devenir l'alibi d'une violence sans fin. Lorsque la violence est le signal d'une injustice dont elle veut obtenir réparation, elle vise à restaurer le droit et s'arrête quand justice a été rendue. Mais quand une injustice est le prétexte utilisé pour perpétuer le discrédit d'un système ou d'une communauté, alors se reproduit une logique des représailles dans un mouvement interminable. Il est fréquent que le colonialisme soit invoqué en réactivateur périodique de la haine du colon, bien longtemps après la décolonisation elle-même ; l'anticolonialisme n'est plus alors l'argument visant à réparer une injustice, mais celui derrière lequel on s'abrite pour continuer à vivre de l'injustice, même mal : « les maux que je subis seront toujours ceux fomentés par une "main étrangère", et, le colonialisme ne finissant jamais, je me retrouverai victime éternelle d'une conspiration universelle »[1]. La lucidité maîtrisée d'une telle autocritique, venant d'une ancienne colonisée, n'est en rien un dénigrement de soi, elle témoigne, tout au contraire, d'un pouvoir culturel de ressourcement actif, d'une construction de l'image de soi analogue au pouvoir de commencer, de bâtir, d'ouvrir de nouveaux chemins. Rien ne peut mieux lutter contre

---

1. H. Béji, *Nous, décolonisés*, Paris, Arléa, 2008, p. 217.

les violences à finalité déstabilisatrice et destructrice de monde.

LE DIALOGUE INTERCULTUREL ET SES ENNEMIS

La capacité de dialoguer repose sur une pratique qui outrepasse toute appropriation culturelle particulariste, celle de l'argumentation. Instituer une dialogue interculturel entre les religions, c'est chercher à rendre possible l'existence d'un monde humain à l'échelle de la planète, à réassumer un universalisme moral à nouveaux frais, en incluant les leçons de l'histoire, des guerres et de la décolonisation, en tenant compte de la diversité réelle des communautés et des cultures qui habitent le monde. Il ne s'agit pas donc pas d'universaliser un mode de pensée – occidental en l'occurrence – mais de ressaisir la seule universalité à laquelle tous les hommes sans exception ne peuvent manquer d'appartenir et qui est celle de la parole. L'action de parler relève par elle-même d'une éthique pluraliste, elle anticipe une « communauté idéale de communication », selon l'expression bien connue de Jürgen Habermas. Mettre en mots, argumenter, expliquer, justifier, c'est accomplir un acte d'altruisme communicationnel qui s'adresse à l'intelligence morale d'autrui. Le dialogue ne constate pas des opinions toutes faites, il ne négocie pas des renoncements et il ne conclut pas de compromis ; il révèle, au contraire, les convictions à elles-mêmes en les faisant naître à leur intelligibilité interlocutive, ce qui fait d'autrui (celui qui écoute, qui entend et qui comprend), la condition de possibilité de leur existence publique, il permet une élaboration concertée de la vérité d'un jugement.

Mais l'espoir du dialogue a contre lui deux ennemis : le moralisme identitaire et la déculturation.

Le droit à la reconnaissance n'est pas revendiqué uniquement par des individus, au nom de leur estime de soi personnelle et sociale, mais par les communautés, pour conquérir de la visibilité et de l'influence dans l'espace public. Ce phénomène de privatisation de l'espace public réussit le plus souvent grâce à une victimisation médiatisée, la souffrance appelant une réparation, une compensation et une reconstruction de soi. Kant avait inventé le terme de « moralisme politique » pour désigner une manière d'obtenir du pouvoir au nom d'une morale privée érigée en raison d'État. C'est aux souverainetés politiques qu'il s'en prenait, les accusant de légitimer, sous le fallacieux prétexte de vouloir faire le salut du peuple, les guerres, impôts, abus de pouvoirs et restrictions de liberté qui servaient leur politique de puissance personnelle. Le moralisme communautariste, de nos jours, procède de la même façon, en mettant au-dessus du droit la « morale » supérieure de l'intégrité culturelle et de la susceptibilité identitaire ; les groupes d'appartenance placent ainsi au-dessus des lois une morale privée jugée supérieure au droit commun, et, en jouant sur l'émotion de la victimisation, procèdent à une sorte de saisine de l'opinion publique comme pour exercer un pouvoir en direct à la manière d'une hyperdémocratie lobbyste : « il ne s'agit pas de traduire des revendications spécifiques en langage juridique, de les insérer dans la logique d'un programme, il s'agit de peser sur la politique au travers d'un langage délibérément non politique, invoquant l'exigence éthique ou l'appel de l'esprit » [1]. Alors que la publicité du dialogue devrait permettre d'extraire de la singularité d'un jugement sa validité communicationnelle et publique favorable à une commune cohabitation, la médiatisation, quand elle est exploitée par une culture de l'identité, fait l'inverse et confère une légitimité aux convictions *en tant qu'elles sont privées* et parce qu'elles sont privées.

Le moralisme identitaire se met ainsi à l'abri du dialogue en le condamnant à l'échec. Pour en détruire la crédibilité, il suffit de porter la tolérance à ses limites déontologiques, de la mener jusqu'au défi qui lui est insupportable : ou bien elle refuse de tolérer, et elle fait la preuve de son égocentrisme culturel, ou bien elle accepte de tolérer, et elle entérine alors des manières intolérantes de revendiquer la tolérance. Mettre en contradiction la signification politique de la démocratie et la signification morale de la tolérance condamne à l'échec, soit politique, soit culturel, le traitement occidental de certaines revendications. Suis-je favorable au port du « voile intégral » pour satisfaire la sensibilité de certains membres de la communauté musulmane, je suis tolérant mais non démocrate (car je ne sers pas l'égalité); y suis-je opposé, je suis démocrate, mais intolérant : je fais la preuve de mon incapacité d'affirmer une valeur claire et sûre; je ne sais répondre à la situation que par un conflit de valeurs qui me déchire moi-même. On ne sort du cercle qu'en comprenant que l'enjeu n'est pas la vérité, mais la rivalité. Les « Occidentaux » ne peuvent en sortir indemnes : ou bien ils gagnent (la sympathie) en perdant (leur universalisme), ou bien ils perdent (leur universalisme) en gagnant (la sympathie). Mais la preuve

---

1. M. Gauchet, *La religion dans la démocratie*, *op.cit.*, p. 137.

est publiquement faite de leur incapacité d'intégrer, sans se renier, le besoin existentiel de communautés dites minoritaires[1].

C'est sans doute au niveau de ce piège éthico-politique qu'apparaît le véritable risque d'un « clash » des civilisations, dans la tentation d'essentialiser les postures de chacun, de les attribuer à une « nature » et à des « racines » aussi immuables et éternelles que mystérieuses et incompréhensibles, au-delà de mots. Sans insister sur l'absurdité d'attribuer à la nature des manifestations qui sont et se veulent être de la sphère de la culture, il est bon de s'interroger aussi sur l'inculture qui confie à la violence la plus extrême la « preuve » qu'une conviction détient une capacité supérieure de « civiliser »... Les rivalités confessionnelles sont assurément culturelles, mais elles sont aussi des produits culturels de l'ignorance.

La simplification, la schématisation et la caricature sont les alliés culturels de l'intolérance confessionnelle radicalisée. Les divisions abruptes ami/ennemi, bon/méchant, moderne/archaïque etc., servent à activer la violence plutôt qu'à comprendre le monde tel qu'il est. Ce simplisme touche les « violents » du radicalisme aussi bien que les « post-héroïques » du sécuritarisme. La démocratisation s'oppose à la démocratie quand elle n'est jamais qu'un effet de la généralisation de l'inculture, le fanatisme religieux trouvant ses acolytes les plus spontanés et les plus insensibles sur le terrain de

---

1. La démocratie peut avoir à souffrir d'un nouveau type de tyrannie, non plus la tyrannie de la majorité mais celle de la de la minorité, voir Y.-Ch. Zarka, C. Fleury, *Difficile tolérance*, Paris, P.U.F., 2004.

cette sous-culture [1]. La démocratisation de la vulgarité a le pouvoir, immense, silencieux et efficace, de détruire, par une ignorance satisfaite, la mémoire de ce qui est noble dans une culture, ce par quoi elle élève chaque individu au-dessus de soi. Pour alimenter la violence, il suffit que de faux théologiens et de faux savants réduisent l'éthique et la spiritualité à des mots d'ordre agressivement simplistes pour en détruire la hauteur et la puissance d'inspiration [2].

Raisonnant en sociologue, Olivier Roy montre, contre Huntington, que la guerre des identités n'est pas une guerre des cultures, mais des déculturations. Parce que la religion s'extrait de la culture, qu'elle prétend créer du « pur religieux » pour lequel les mots, les références et les traditions sont sans pertinence, du religieux pour consommation immédiate, ici et maintenant, du religieux exportable sur le marché de l'échec et du mal être, elle connaît un succès dans lequel on voit, à tort, le « retour » du religieux. En vérité, c'est pour gagner une garantie juridique de présence légitime dans l'espace public que les religions se déculturent, se simplifient, se réduisent à un acte de foi sommaire, urgent, impératif. Faire prospérer des dévots sur le sol fertile de l'ignorance et du ressentiment suffit à une religiosité élémentaire et simplement mécanique.

1. « L'émergence de cet islam maigre et pauvre agit en premier lieu contre l'islam en tant que civilisation et culture », A. Meddeb, *La maladie de l'islam*, Paris, Seuil, 2002, p. 51.

2. Derrière une apologie simpliste de la Vie pratiquée par la jeunesse des années 1930, Thomas Mann diagnostiquait une pure et simple vulgarisation de l'irrationnel, l'ivresse de rejeter, avec l'appui de la critique petite-bourgeoise de la culture, les exigences du droit et le respect des œuvres. *Cf.* Th. Mann, *Avertissement à l'Europe*, trad. R. Biemel, Paris, Gallimard, 1937, p. 331.

Ces quelques éléments de réflexion suffisent à pointer certains clichés qui concluent rapidement à un lien automatique entre la violence et l'identitarisme religieux et culturel. On croit volontiers que la revendication d'identité naît d'un désir fort de retour aux racines; mais c'est sous-estimer l'ignorance de leurs racines par les déracinés. En vérité, c'est l'absence de repères et d'appartenance claire qui favorise le goût d'invoquer son « identité » en contrepoint d'une postmodernité parfois peu intelligible et souvent peu solidaire.

ÉTHIQUE DU COMMUN
CONTRE MORALISME COMMUNAUTARISTE

Une politique de neutralité est facilement débordée par la démesure qui sert de norme à des revendications identitaires jusqu'au-boutistes, usant du chantage à la mort (mort reçue contre mort donnée). Une violence si extrême déconcerte l'entendement ordinaire au point de recueillir un soutien paradoxal, quelque peu étrange et obscur, dans la population qui s'inquiète de savoir si vouloir souffrir et vouloir faire souffrir à ce point ne dénote pas une manière d'exprimer une détresse inouïe. L'extrême violence peut se trouver ainsi pourvue d'une légitimité paradoxale, son excès même attirant une commisération de second degré. S'il est, en effet, relativement facile d'imaginer, au nom de l'humaine faiblesse, qu'une souffrance endurée peut créer l'envie de faire souffrir, il est bien plus difficile d'admettre la banalisation d'un cynisme qui, en instrumentalisant l'espérance religieuse, exploite la douleur et la misère des plus faibles pour en tirer à la fois de la gloire, du profit et du pouvoir. Aussi, savoir faire la part de la détresse véritable et la part de son exploitation inique au bénéfice de profiteurs cupides est décisif pour une politique de règlement des conflits.

A un pacifisme de l'équilibre des cultures par leur équivalence, on peut reprocher une carence majeure : « pour qu'existe une réalité politique stable et équilibrée, la diversité et l'égalité ne suffisent pas, il faut encore qu'il y ait du « commun », sous forme d'un engagement partagé... La multipolarité ne peut prétendre incarner un idéal moral que si elle est sous-tendue par un engagement normatif qu'elle n'inclut pas » [1]. Tel est bien le défi ultime : faire en sorte qu'il y ait du « commun » dans la rivalité symbolique elle-même. Or le facteur religieux introduit sa propre mesure dans les politiques du pluralisme : il exige quelque chose qui dépasse la politique de banalisation égalitaire des différences de convictions, quelque chose dont la mesure est d'ordre métaphysique : la religion, en effet, offre à tout homme, quel qu'il soit, de *se grandir* dans l'humilité et par l'humilité. Cette grandeur, intraduisible dans le langage de l'appétit du pouvoir, de l'avoir ou de la gloire, ne peut se convertir en un bien social et politique ordinaire ; elle est la justification d'une existence comme puissance d'être, le fait d'être-né comme un don fait, à la vie, de la vie ; une puissance d'être de l'Être.

Un tel besoin de reconnaissance, saisi au cœur de sa propre vérité métaphysique, religieuse et éthique, réclame une politique de symbolisation qui n'en réduise pas l'enjeu, mais qui s'élève elle-même à la hauteur de l'épreuve. L'humanisme des Lumières est mis au

1. M. Canto-Sperber, *Le Bien, la guerre et la terreur*, Paris, Plon, 2005, p. 201.

défi de se transcender lui-même, afin que la possibilité d'écoute, de parole et de compréhension ne fasse l'objet d'aucune traduction particulariste. Une politique de symbolisation est requise pour offrir un espace commun de traductibilité qui soit réellement universel, au-delà des appropriations partisanes, confessionnelles, communautaristes, identitaristes.

Rien de commun ne peut être trouvé dans une exaltation des différences dont le but est précisément de détruire toute possibilité de « monde commun ». Tant que la guerre des signes en reste au stade d'une guerre des cultes et met le politique au défi d'unir ce qui veut rester séparé, la pluralité se fait l'ennemi du pluralisme et y réussit pleinement. C'est seulement quand le culte de la différence se trouve lui-même dénoncé en tant que mensonge culturel et religieux qu'une ouverture « par le haut », par la hauteur d'une visée commune, au nom d'une humanité commune et de la responsabilité d'un destin commun peut faire la différence entre une religiosité close et une spiritualité religieuse ouverte. « La différence en tant que telle n'a aucune valeur, c'est-à-dire aucun mérite (…) La valeur d'une différence est dans sa capacité de s'identifier à ce qui n'est pas elle. Si cette démarche d'identification n'existe plus, la culture perd tout ce qui fait sa valeur »[1]. Il faut donc faire la différence entre la guerre des cultes, qui occupe le devant de la scène et accapare en vain les efforts d'une politique égalitaire et la spiritualité d'une religion qui vit et se renouvelle, quant à elle, de la puissance d'inspirer. Il convient de distinguer entre une vaine exaltation de la différence (comme simple faire-valoir narcissique

---

1. H. Béji, *Nous, décolonisés, op. cit.*, p. 187.

et séparatiste) et la profondeur d'une différence qui se reconnaît dans une autre et d'opposer à l'identification de soi à soi, égocentrique, fermée et stérile, l'identité construite comme un chemin d'humanité en relation à la pluralité du monde. Si la passion égalitaire reste bien impuissante devant la passion identitaire, n'est-ce pas parce qu'elle ne distingue pas assez entre la religion, en tant qu'elle relève d'une fonction inévitablement « communautariste », et la spiritualité, qui est sans maître et se déploie dans l'absolue liberté du mystique comme dans les hasards de l'inspiration du poète ? La spiritualité, si elle est, en effet, l'énergie qui assume « la loi tragique de toute culture »[1], à savoir la recréation périodique de soi sans laquelle son inspiration est vouée à la mort[2], est peut-être plus aisée à partager que la religion proprement dite...

UNE POLITIQUE DE SYMBOLISATION

Les religions donnent tout à la fois de la complexité et de la profondeur à l'éthique qui se veut pluraliste. Ne serait-ce, pour commencer, que par le sens qu'elles donnent à la notion de « valeur ». Le juridisme, pour sa part, opte pour un traitement égal des croyances dans

---

1. P. Ricœur, *Histoire et vérité*, Paris, Seuil, 1955, p. 292.
2. La rationalité n'est pas étrangère à la spiritualité. Au moment de la montée des totalitarismes en Europe, il fallait une foi surhumaine pour oser résister, au nom de la philosophie, à la violence politique industrialisée : ce que Husserl avance alors c'est que la rationalité européenne a, dès l'origine, une vocation spirituelle : convertir la vie en vie proprement humaine, la vie biologique en vie culturelle, en faisant accéder l'humanité finie « à la dignité d'une humanité capable de tâches infinies », Husserl, *La crise de l'humanité européenne et la philosophie*, trad. P. Ricœur, Paris Aubier, 1987, p. 47.

l'espace public, et c'est bien là, en effet, le rôle du droit. Mais, pour égaliser les croyances, il lui faut les traiter comme des choix subjectifs issus du libre-arbitre de chacun, et leur accorder le respect, universel, que l'on doit à tout homme, parce qu'il est un être rationnel et libre. Or les religions ont, pour leur part, une vision substantialiste, historique et cosmique de la valeur. Une valeur est une dette envers le passé (ce peut être un passé immémorial, celui du récit de la Création) en même temps qu'un engagement envers l'avenir, et l'individu est le trait d'union qui assure par sa fidélité (au passé) et sa promesse (au futur) la continuité sans rupture d'une valeur, c'est-à-dire, d'une puissance d'être et d'agir. Par suite, le traitement subjectiviste, relativiste et égalisateur des croyances crée inévitablement une déperdition de sens entre la valeur réduite à un sens profane et l'engagement vécu en un sens religieux.

C'est là une raison de plus de remettre en chantier l'idée pluraliste. Affirmer (au nom du respect qu'on leur doit) que les croyances sont insurmontables est une sentence qui ne concerne que les cultes, les dogmes et les mystères au motif qu'ils sont établis, fixés et forment une sorte de clôture du sens sur lui-même. Mais une religion est une réalité qui n'est pas seulement cultuelle, elle est aussi une réalité culturelle, une réalité créatrice de culture. A ce titre, elle est dotée d'une intelligibilité symbolique. Non pas une intelligibilité rationnelle de type scientifique, car les religions ne sont pas des sciences, mais des réserves de sens pour l'action. Leur intelligibilité est symbolique, parce que, comme la poésie ou la peinture, elles usent de symboles pour se faire comprendre : les images, les mythes, les paraboles etc. expriment symboliquement ce qui n'est pas scientifiquement représentable (l'absolu, l'immortalité, l'infini, l'amour éternel...). Ce sont les historiens, les théologiens, les philosophes, les philologues, les romanciers... qui savent retranscrire et faire vivre l'intelligibilité symbolique des religions ; ils sont indispensables au pluralisme de demain, si le pluralisme peut être autre chose qu'une égale réduction des croyances à l'inintelligible, et s'il porte la culture à la hauteur de l'intelligibilité des sources et des commencements pluriels des pensées qui ont engendré la vie inspirée. Si le pluralisme peut être quelque chose de plus qu'un juridisme ou un moralisme (ce qui est déjà beaucoup...), c'est que l'intelligence symbolique d'une religion peut se nourrir de *son intelligibilité pour un autre* et se féconder elle-même dans ce ressourcement ; une idée, une image, un symbole s'enrichissent d'être interprétés, traduits, analysés, recréés et de donner périodiquement la vie à de nouvelles inspirations ; ils ont pour une part, une existence culturelle close, patrimoniale, communautaire qui conditionne, pour les unir, les membres d'une collectivité en assurant la reproduction de sa vision du monde ; mais ils ont aussi, pour une autre part, une existence qui s'augmente du renouvellement de sa propre intelligibilité (poétique, mystique, pédagogique...). Dans le cadre d'un monde pluriel ouvert, il n'est pas absurde d'imaginer que la traduction, l'interprétation, l'esthétisation... feront exister les patrimoines culturels *les uns par les autres*, la compréhension de soi par l'autre devenant une condition d'intelligibilité symbolique durable d'un système de pensée.

Cette condition détermine, semble-t-il, le rôle de la laïcité, qui est d'*empêcher la guerre des cultes* sans fermer la voie à l'intelligence créatrice des cultures ; un enjeu qui met la guerre des religions, locale, au second plan relativement à un enjeu culturel global et décisif : le développement de l'intelligibilité symbolique réciproque en tant que condition de la pluralité du monde : le monde n'existe que parce que nous sommes plusieurs à le regarder, à le faire exister et à lui donner sa réalité. Donner plus de présence publique aux théologiens, philosophes et historiens qui sont des *traducteurs* de culture, c'est marcher ensemble vers la nouvelle universalité civilisationnelle : se comprendre soi-même selon le point de vue d'un autre.

Une politique de civilisation est donc aussi une politique de symbolisation. Pourtant, la radicalité religieuse conserve un grand pouvoir d'intimidation face à la neutralité laïque ; cela tient peut-être, en partie, à la manière dont l'humanisme européen et occidental a construit sa propre capacité d'interpréter la religion. D'une manière très simplifiée, on peut dire que l'humanisme du XVIII ^{e} siècle « reprend » à la religion l'universalité humaine que la religion symbolise par l'image de la communauté spirituelle des hommes. Il isole ainsi l'idéal d'universalité et de fraternité de ses sources religieuses. Cela, il le fait soit sur le mode sceptique, soit sur le mode symbolique. L'attitude sceptique, matérialiste et scientiste procède à une *réduction* de la religion à la morale ; c'est la voie choisie, par exemple, par Voltaire, pour qui ce qui est vraiment universel dans la religion, c'est la morale (« Je ramène toujours, autant que je peux, ma métaphysique à la morale. L'Humanité est le principe de toutes mes pensées » écrit-il à Frédéric II, dans une lettre d'octobre 1737), la pente étant de faire de l'homme un ennemi de la religion parce que l'idée de Dieu est elle-même jugée comme l'ennemie de l'homme (« Je dois régir en Dieu l'univers prévenu. Mon empire est détruit, si l'homme est reconnu [1]). Selon cette interprétation, l'humanisme laïque se réapproprie, en quelque sorte, l'universalité humaine contenue dans une imagerie religieuse jugée obscure et fantasque. On débarrasse la symbolique religieuse de sa gangue obscurantiste pour en extraire le pur éthique ; tous les hommes sont frères, cela veut dire tout simplement que tous les hommes sont égaux en droit.

Il saute aux yeux que l'on perd autant que l'on gagne par ce procédé minimaliste. Les hommes sont égaux, voilà qui n'est pas une vérité transcendante ni théologique, mais une évidence et un truisme pour les esprits éclairés. Certes. Mais l'humanisme se trouve alors lui-même *réduit* à un minimalisme : l'homme le plus ordinaire est la simple mesure des vérités venues du Ciel ; c'est un humanisme réducteur qui ramène le supérieur à l'inférieur ; une forme plus élémentaire encore ramène le religieux à la peur et à un besoin infantile de consolation : elle fait du religieux un artifice né de la faiblesse, de l'incompétence et de l'insuffisance. Mais si tout idéal de fraternité n'est que la copie dégradée d'un modèle céleste en modèle simplement humain, l'humanisme y perd autant que la religion. Ainsi, dire que l'humanisme consiste à voir en l'homme la mesure de toute chose réduit l'homme autant que l'humanisme, l'humanisme se bornant à renier toute transcendance pour abaisser toute vérité à lui-même et à ses besoins les plus élémentaires. Quand la laïcisation est comprise (à tort) comme opérant un tel ravalement, la tentation de tirer profit de sa faiblesse peut se montrer simplement vulgaire [2] et repoussante.

1. Voltaire, *Mahomet*, V, 3.

2. Les « Femen » qui se sont manifestées à Notre-Dame de Paris ont dit avoir de la laïcité à la française l'idée qu'elle permet de dégrader et avilir la religion.

Une autre lecture existe, d'ordre symbolique celle-là, qui met l'humanisme à la hauteur de l'idée que « l'homme passe infiniment l'homme », selon la célèbre formule pascalienne[1]. La pensée critique kantienne s'y consacre à sa façon quand elle examine la religion « dans les limites de la simple raison », non pas d'une raison utilitariste et réductrice, mais d'une raison qui apprend à *traduire* dans la morale la dimension spirituelle de la religion. Il s'agit, certes, d'une lecture critique qui s'emploie à récuser le cléricalisme en ce qu'il exploite politiquement la demande de religion. Mais, loin de regarder l'humanisme comme ce qui réduit la religion à la mesure des simples désirs et goûts de l'homme, Kant voit l'universalisme comme ce qui, dans la religion même, dépasse la religion. Ici *la traduction n'est pas réduction, mais expression.* La religion apparaît comme l'expression symbolique d'une destination morale humaine dont elle n'a pas elle-même la propriété, et qu'elle peut aussi bien trahir que servir. C'est ce que la philosophie comprend comme la destination morale de l'espèce humaine tout entière, destination qui dépasse l'humanité présente comme elle dépasse la religion présente, car elle est une tâche qui engage un perfectionnement qui n'aura jamais de fin. Ainsi, « l'homme passe l'homme », au sens où l'humanité dans sa destination inachevable dépasse chacun de nous et lui impose la tâche d'une progression sans fin dans la liberté et la fraternité. L'humanité a une mission, une vocation, une destination, que la religion elle-même peut trahir ou pervertir. Elle la trahit quand elle fait du salut une condition d'asservissement et

---

1. Pascal, *Pensées*, éd. Brunscvicg, 434.

d'abaissement, quand la religion est un prétexte pour des politiques de puissance déguisées.

La morale intervient ici dans son rôle d'intelligence compréhensive, source d'intelligibilité commune, porteuse d'une double proximité, entre les symboles et l'éthique, d'une part, entre un homme et un autre homme, d'autre part. Elle agit comme une ressource inhérente à la rationalité humaine, révélatrice de la solidarité intellectuelle qui agit dans le pouvoir de comprendre ce qui est de l'ordre d'une donation de sens.

Une lecture symbolique ne détruit pas, mais conserve en transposant. Ainsi, par exemple, le « royaume de Dieu » désigne un monde régi par des lois de vertu, l'Eglise visible est comprise comme le simple schème d'une Eglise invisible et la fraternité religieuse peut être comprise, sans dommage rationnel ni spirituel, comme une manière d'exprimer la destination supranaturelle de l'humanité et de la traduire comme un intérêt commun planétaire qui prend la figure d'une future « communauté morale cosmopolitique » organisée en vue d'une paix mondiale possible [1]. Une lecture symbolique du Coran, qui interprète, par exemple, l'acte de couper la main du voleur comme l'injonction à couper l'instrument du vol qu'est la misère, se laisse spontanément comprendre par l'intelligence morale [2]. L'activité scientifique elle-même peut s'inspirer de spiritualité religieuse : « j'avais l'intime conviction que par la vulgarisation de la science il me serait permis de répondre à cet idéal du *ren*, ce

1. Kant, *La religion dans les limites de la simple raison*, trad. J. Gibelin, Paris, Vrin, 1972, p. 259.
2. S. Khalil, « Violence et islam », dans *Entre violence et paix, la voix des religions*, J.-Y. Calvez (dir.), Paris, Éditions facultés jésuites de Paris, 2005, p. 94.

concept de l'amour humain si cher à Confucius et ancré si profondément en moi » [1]. Ici, un humanisme confucéen ajoute à l'humanisme occidental la conviction que le destin de l'homme n'est pas séparé de l'histoire de la nature ainsi qu'une intuition de la beauté du monde, de sa cohérence et de sa solidarité qui éveillent en tout esprit, d'où qu'il soit, une soif de comprendre qui est en dernière instance ancrée dans un désir de communion avec le monde.

Cette immersion dans la compréhension éthique des symboles ne moralise pas, ne dogmatise pas, ne contraint pas, mais fait retrouver, en chacun, la voie de la sublimation de ses dispositions affectives et réflexives, sublimation de ses propres raisons de comprendre qui porte la spiritualité morale de la religion au-dessus de la religiosité communautaire, identitaire et fermée, au-delà des rationalités utilitaires, vers l'imaginaire d'une cohabitation éthique universelle. L'idée d'universalité humaine est sans propriétaire, elle déborde toute réification et exprime l'inachèvement caractéristique de toute réalisation humaine, la part du possible qui déborde irrésistiblement le réel. L'universel ne peut pas être pensé comme une prise de pouvoir par un unique système de pensée ou de croyance, mais il impose aux populations de la terre la responsabilité d'un sens commun de la pluralité culturelle du monde. C'est un enjeu crucial pour l'avenir ; l'intelligibilité pour soi et l'intelligibilité pour autrui sont également requises dans la quête supérieure de la compréhension de soi de l'histoire humaine globalisée.

1. T. Xuan Thuan, *Le Cosmos et le Lotus*, Paris, Albin Michel, 2011, p. 113.

TROISIÈME PARTIE

POLITIQUES DE LA CRÉATION

Il n'y aura pas d'avenir sans le réveil et la célébration de la créativité individuelle et collective, de cela, la société civile, économique et sociale, sait nous convaincre. Mais la création ne se laisse pas diriger, elle est improbable, imprévisible et artiste. Aussi les politiques de l'innovation donnent-elles une entière priorité à l'urgence de s'adapter aux changements professionnels, techniques et normatifs qui ponctuent la mondialisation. Toutefois, l'importance capitale du facteur symbolique dans la société d'information inaugure l'âge d'une ontologie du savoir qui appelle une démocratie instruite et réflexive. La fécondité, plutôt que l'utilité, peut inspirer une nouvelle éthique du pouvoir pour une politique de la création.

CHAPITRE IX

LES APPELS CONTRADICTOIRES
À UNE POLITIQUE DE LA CRÉATION

LA CRÉATION, SA SIGNIFICATION DANS L'ART

Le tableau du peintre n'est pas la copie de la réalité, ce n'est pas une reproduction artificielle et laborieuse où l'image est un simple substitut dégradé du réel ; c'est bien plutôt une production surréelle de la réalité, capable de faire exister un visage, un paysage, une action… à partir de ce qu'ils signifient, comme si cette signification avait eu la puissance de leur donner naissance et détenait encore le pouvoir de les faire renaître par-delà l'usure du temps et des modes. Le tableau sait faire voir au-delà des limites matérielles de la vision tout comme la symphonie fait entendre, plus que des sons, ce qui les a inspirés. L'auditeur et l'interprète retrouvent ou réinventent l'illumination originaire du créateur, dans une communion qui opère comme une révélation. Une révélation recommencée à chaque vision, à chaque audition, à chaque lecture. Cette résurrection de la puissance originaire de créer, le spectateur, l'auditeur, le lecteur y participent, ce qui fait la spécificité du plaisir esthétique et son irréductibilité à la pratique consumériste, qui est répétitive, massifiante et destructrice. Alors que la consommation dégrade ou détruit l'objet pour se l'approprier (elle fait de la chanson une rengaine, d'une musique originale un « tube », d'un créateur elle fait une vedette…), la joie esthétique, tout au contraire, veut maintenir l'œuvre dans l'existence, lui assurer la permanence et la survivance.

On aurait tort de reléguer l'esthétique de la création dans un passé dépassé ; c'est elle, au contraire, qui s'accorde à la nouvelle individualité des individus, parce qu'ils sont au carrefour des incitations les plus contradictoires de la postmodernité. Il leur faut assumer le poids du productivisme, le besoin de le transformer en des formes de vie éthiquement viables et la nécessité de conjuguer la flexibilité professionnelle avec de nouveaux codes de justice sociale. Il y a, dans l'esthétique de la création, une éthique de l'action ; ce que confirme cet autre aspect de l'activité créatrice qu'est son rôle dans la communication. Dire que l'artiste se définit par le *génie* signifie qu'il invente une nature qui n'existe pas [1], une « nature » qui exprime, traduit ou incarne ce que l'intelligence ne peut pas dire. L'art *exprime l'indicible en inventant une manière matérielle de le dire* (du courage, de l'innocence, de la grandeur, de la noblesse etc. il n'existe pas d'expression directe, mais seulement indirecte, c'est-à-dire *symbolique* : l'aigle signifiera allégoriquement la noblesse, par exemple). L'artiste rend visible l'invisible, il n'augmente pas la connaissance de la nature, mais il crée un monde de symboles qui rend possible la communication de l'incommunicable. Il existe ainsi une esthétique de la communication qui a le pouvoir de surmonter la violence des affects par une

---

1. Kant, *Critique de la faculté de juger*, § 49, trad. A. Philonenko, Paris, Vrin, 1993.

transposition symbolique qui met en action des rôles, des représentations, des jeux de fictions ; l'émotion se défait de la brutalité de ses surgissements pour s'associer esthétiquement à une idée, alliant ainsi la sensibilité à l'intelligence.

UNE « ÉCONOMIE POLITIQUE DU SIGNE »

Le facteur symbolique est devenu primordial dans le champ des activités économiques. Les objets et les services qui sont produits ne sont pas seulement des choses, ils expriment une réputation, un style, un goût, un projet de vie, ils procurent à celui qui les utilise de la reconnaissance, de l'estime de soi. Un individu qui est dans le besoin *consomme* (l'eau, le pain, par exemple, des biens vitaux) ; mais l'individu qui est dans le désir cherche à *communiquer*. Ce qu'il achète, ce qu'il échange, ce qu'il offre en cadeau, ce sont des *signes*. Il fait reconnaître la qualité de ses goûts, de sa manière de vivre, le style de son affection ou de son amitié, il montre qu'il s'inscrit dans tel courant, dans telle tradition, dans tel engagement. Il veut moins subir la rhétorique de la publicité que se montrer responsable de ses choix, y mettre une part d'éthique et d'esthétique ; acheter ou offrir, c'est une façon de parler et d'agir, d'aimer que les objets acquis soient les révélateurs de nos talents personnels. A l'âge où chacun proclame son « identité » et son originalité, la consommation n'est plus une manière mimétique d'obtenir la reconnaissance d'autrui, mais une manière de se choisir soi-même l'image que l'autre doit avoir de nous. Ce que l'on produit, *ce sont donc des relations humàines.*

Pour être socialement justifiée, une politique doit encourager et stimuler l'innovation. Mais comme l'innovation est à la fois création et destruction, renouvellement (invention d'une nouvelle fonctionnalité) et répétition (perfectionnement d'une même fonctionnalité), cette ambivalence engendre tout à la fois et contradictoirement une vision désenchantée et une approche enthousiaste de la société d'innovation. Pour une part, celle-ci apparaît comme un monde qui finit, le stade achevé de la société de consommation et de ses tares ; pour une autre part, elle est regardée comme le commencement d'une nouvelle histoire du travail, de la responsabilité et de la vitalité individuelle et collective.

Jean Baudrillard dénonçait, dans le concept d'« économie politique du signe » [1], une course à l'innovation qui n'a pas d'autre but qu'elle-même, une simple fuite en avant qui marque, à ses yeux, le stade suprême de l'aliénation propre à la société de consommation : « le signe est l'apogée de la marchandise. Mode et marchandise sont une seule et même forme (…) Le stade achevé de la marchandise est celui où elle s'impose comme *code*, c'est-à-dire comme lieu géométrique de circulation des modèles, et donc comme médium total d'une culture (et non seulement d'une économie) » [2]. Entendons par là que l'innovation, en tant que production de marchandises-signes ou marchandises-codes annexe la culture entière à la pratique consumériste. Le citoyen n'a plus d'autre culture que celle de l'obéissance à la mode ; son estime de soi, la reconnaissance qu'il espère

1. J. Baudrillard, *Pour une critique de l'économie politique du signe*, Paris, Tel-Gallimard, 1972.
2. *Ibid.*, p. 259.

tirer de ses choix esthétiques sont intégrées dans un processus d'innovation qui n'a d'autre but que de se reproduire en tant que tel. L'énergie et les vertus mises dans le travail sont ainsi déconnectées de la genèse des richesses. « Création » est alors le terme qui recouvre et emphatise celui d'« innovation » pour désigner la simple reproduction d'une logique productiviste.

Ce productivisme caractérise le progressisme de l'économie capitaliste, selon une vision rendue familière par les analyses de Max Weber[1], Schumpeter[2] ou, sur un plan plus littéraire, Ernst Jünger[3]. Dans tous les cas s'impose le constat d'une « démoralisation » ou d'une « amoralisation » de l'idée de progrès. Le progrès cesse d'être visé comme le perfectionnement de l'humain pour devenir l'outil idéologique d'un perfectionnement technologique qui n'aura plus jamais de fin. Phénomène remarquablement mis en lumière par la comparaison entre la guerre de masse et la production de masse. Après l'expérience de la Grande Guerre, travail, guerre et changement permanent sont liés dans un mouvement planétaire de « mobilisation totale » explique Ernst Jünger. Mobiliser, c'est transformer toute existence en énergie disponible, c'est-à-dire sacrifiable. Le travailleur comme le soldat ont la même vertu, celle d'être essentiellement interchangeables ; quand l'un tombe, un

1. M. Weber, *L'éthique protestante et l'esprit du capitalisme*, trad. J.-P. Grossein, Paris, Gallimard, NRF, 2003.

2. « Le processus de « destruction créatrice constitue la donnée fondamentale du capitalisme : c'est en elle que consiste, en dernière analyse, le capitalisme, et toute entreprise capitaliste doit, bon gré mal gré, s'y adapter », J. Schumpeter, *Capitalisme, socialisme et démocratie*, trad. G. Fain, Paris, Payot, 1990, p. 116 et 117.

3. E. Jünger, *La mobilisation totale*, trad. H. Plard, M. B. De Launay, Paris, Tel-Gallimard, 1990.

autre prend sa place. Une telle obsession de la conquête ne peut avoir qu'un fondement métaphysique et religieux ; sans une *religion du progrès*, la mobilisation totale des ressources naturelles et humaines ne serait pas possible. La démocratisation de la mort dans les guerres de masse a ainsi révélé l'essence d'un destin indissociablement politique, économique et culturel qui rend inexorablement destructrice toute création, la guerre des travailleurs étant un processus qui n'aura pas de fin parce qu'il n'a pas d'autre but qu'un perfectionnement indéfini de la puissance technique. La guerre des Travailleurs est une guerre interminable, un progrès mortel qui ne vit que de la destruction continue de lui-même, puisque tout progrès abolit celui qui l'a précédé.

Innovation et destruction nourrissent ainsi un processus dépourvu de but, qui menace d'incohérence et d'absurdité le progressisme propre à la civilisation occidentale, qui est par vocation un modèle moral autant qu'économique, visant à vaincre la misère et la maladie, à émanciper les esprits et à construire un avenir de bien-être pour le plus grand nombre. Cet idéal de toute politique moderne semble avoir perdu son âme dans le productivisme de l'âge industriel, laissant une impression de déclin irréversible, comme si le progrès était devenu une fatalité au lieu d'une chance. Le « déclinisme » sonne tristement le glas d'une civilisation qui s'estime condamnée à vivre une histoire désormais privée de sens, sans finalité et sans idéal.

CRITIQUE ET RESSOURCEMENT

Mais cette prise de conscience agit également comme un réveil ; la mondialisation, en relativisant le progressisme occidental, l'interpelle pour de nouvelles épreuves et, l'autodénigrement se muant en autodestruction, le sens du danger se renverse, de sorte que la critique de soi, aussi radicale soit-elle, cherche moins à détruire qu'à sauver et vise moins à condamner qu'à provoquer l'interrogation ; l'autocritique peut alors opérer comme un ressourcement pourvoyeur de nouveaux commencements, comme une réinitialisation de l'énergie créatrice elle-même, comme un questionnement régénérateur.

Il faut bien faire la part entre la critique qui condamne et la critique qui régénère ; entre la critique qui détruit et celle qui construit ; entre le pessimisme et le découragement qui expriment par des contestations virulentes la peur du déclin, la rage de perdre, la désolation devant l'impuissance, et, sur un autre versant, la critique qui doute pour ouvrir la voie à l'intelligence et à la compréhension. La pratique médiatique de la critique, pour sa part, se partage entre la condamnation et la louange, entre le rejet et l'incitation, entre la prophétie d'une mort inéluctable et la prédiction d'une nouvelle genèse de la culture du progrès. Ces contradictions, doutes et soupçons qui modulent les prospectives contrastées d'une future politique de la création sont aussi un chemin de vie, celui de l'interrogation.

Si la destruction créatrice n'était qu'un processus inéluctablement condamné à se désenchanter et se décourager lui-même, elle ne susciterait aucune attente ou espérance. Mais c'est, en vérité, sa capacité *d'auto-transformation* qui suscite l'interrogation ou l'inquiétude. Si un « nouvel esprit du capitalisme » peut être pensé, c'est que le mouvement ne se borne pas à une simple reproduction de lui-même dans une indifférence mécanique aux faits et aux idées, mais qu'il se réoriente et se redéploie sous l'effet des mutations matérielles et sociales, certes, mais aussi *sous l'effet de la critique*. Sous l'influence de la contestation, le capitalisme se réinvente, trouve de nouvelles légitimations et prend en compte les schémas de pensée qui visent à le renverser ; c'est ainsi que, comme l'ont montré Luc Boltanski et Eve Chapiallo, prenant en compte les critiques libertaires des années 60-70 au moment où recule le schéma révolutionnaire de la lutte des classes, le capitalisme a pu s'approprier la « critique artiste » née des revendications singularistes et postmodernes, agitées au nom de l'authenticité, faisant plus de place à la sexualité et aux désirs d'accomplissement personnel, et qui sont devenues pour lui un moteur individuel psychiquement mobilisateur [1]. Il en est résulté, comme on sait, une nouvelle ère du management, celle du management « par le projet », qui fait appel aux capacités d'innovation et d'initiative personnelle des leaders et des équipes. Abandonnant le modèle bureaucratique caractéristique de la rationalité instrumentale de l'âge industriel, l'action des entreprises investit davantage le champ des motivations pour favoriser l'initiative, la responsabilité, la collaboration et l'esprit d'équipe.

C'est donc la question de la destination ultime du changement qui angoisse. S'agit-il de vraie nouveauté ou de répétition masquée ? Qui dira, en fin de compte, la vraie nature de cette création : qu'elle accélère et amplifie la destruction ou bien qu'elle évite ou limite la destruction ? De l'interprétation critique du phénomène dépend, d'une certaine façon, son avenir politique et moral. Trois

---

1. L. Boltanski, E. Chiapello, *Le nouvel esprit du capitalisme*, Paris, Tel-Gallimard, 2011, p. 161 et 162.

interprétations rivalisent pour tenter de donner une vision cohérente du changement de paradigme qui associe le travail et le risque au schème de la création productive.

Selon une première interprétation, l'appel à l'autonomie, à l'authenticité et à la créativité est une sorte de ruse de l'exploitation du travail, qui n'en change pas la direction : « hier, les règles sociales commandaient des conformismes de pensée et des automatismes de conduite; aujourd'hui, elles exigent de l'initiative et des aptitudes mentales »[1]. La souffrance n'est pas abolie, mais elle se déplace, et l'individu tombe malade d'avoir à intérioriser la responsabilité du succès et de l'échec économique de son employeur, peut-être même de son pays : il doit se livrer en permanence à l'autocritique et à l'auto-condamnation, son autonomie personnelle n'étant plus que le prétexte à son auto-asservissement. La dépression devient ainsi l'expression des ravages causés par la crise économique sur le plan individuel. La technique d'exploitation se personnalise en s'adressant au besoin de reconnaissance professionnelle des individus, mais c'est pour les soumettre à un processus qui ne vise que sa propre efficacité. Ce que montre la technique d'auto-évaluation introduite à tous les niveaux de l'innovation et de la décision. Elle est une pratique d'auto-asservissement en même temps qu'elle produit l'illusion de maîtriser l'innovation en lui imposant de se conformer à un langage codé et uniformisé par l'intelligence bureaucratique des experts !

Certes l'employé, le fonctionnaire ou l'ingénieur ne sont plus dominés par un chef qui affiche sa supériorité;

---

1. A. Ehrenberg, *La fatigue d'être soi. Dépression et société.* Paris, Odile Jacob, 2000, p. 16.

la procédure est plus subtile : il doit s'imposer à lui même, en les intériorisant, les normes qui doivent régir son action. On demeure bel et bien dans l'ère de la domination de la technique sur (et contre) l'homme. Le langage du management renouvelle la justification de la mobilité, mais sans pouvoir en occulter le caractère déshumanisant. La destruction reste le destin toute création.

Une deuxième interprétation insiste sur le fait que s'est culturellement adapté à la concurrence mondialisée, en suivant le courant de la libération des mœurs, le type de l'individu « entrepreneur de soi-même » [1]. Soit qu'il s'agisse d'un « embourgeoisement » des prolétaires, soit qu'il s'agisse d'une instabilité des frontières entre classes moyennes inférieures et supérieures qui réalise leur nivellement par une même consommation culturelle, ludique, désinhibée et aventurière, la chasse aux bonnes places dans le jeu de la concurrence devenant un phénomène bien intégré par la jeunesse, dans un mélange paradoxal de cynisme et de candeur. Le capitalisme ne ferait alors que s'adapter à des choix existentiels politiquement indifférents, égocentrés et néanmoins conviviaux, à l'instar de l'usage des réseaux sociaux par des personnalités soit angoissées soit ambitieuses, toutes en quête de reconnaissance et de proximité. Lecture cynique : si le néolibéralisme s'installe avec succès, c'est que tous entendent en profiter... La responsabilité individuelle, en tant que capacité de s'épanouir soi-même, de se protéger et de prospérer devient le principal ressort d'un nouvel intérêt général : *la prospérité pour tous dépend de la créativité de chacun*. Le principal

1. M. Foucault, *Naissance de la biopolitique*, *op. cit.*, p. 232.

acteur de cet intérêt bien compris est le capital humain [1], c'est-à-dire la capacité individuelle de s'adapter au changement, de suivre la mode pour en faire le moteur innovant de ses ajustements personnels, de s'adonner à une mutabilité jugée créatrice de tout changement, tant intime que collectif.

On ne peut manquer de souligner à quel point le nouvel individualisme libéral transforme la signification de l'individualisme. L'individu désinhibé, hédoniste et narcissiquement postmoderne de l'époque de *L'ère du vide* [2] a cessé d'être le modèle souhaité de l'évolution sociale au début du XXIe siècle. Une nouvelle figure le remplace : la figure de l'individu héros de la réussite [3] sert de vecteur à l'espoir d'une nouvelle dynamique sociale, parce que c'est un individu capable de s'auto-mobiliser. Si l'individu est considéré comme une ressource rare, c'est qu'il est une énergie capable de s'auto-transformer. Alors qu'à l'âge industriel, on voyait dans la productivité mécanique du travail une ressource collective sociale-ment et économiquement indispensable, à l'âge post-industriel, on recherche bien davantage l'énergie créa-trice des individus, leur productivité innovante sur le plan symbolique, éthique et esthétique.

Ce besoin de capital humain, cérébral et affectif, caractérise tout particulièrement les sociétés qui reposent sur une économie du savoir et de l'information, quand l'importance capitale de la circulation des connaissances crée une nouvelle division du travail à l'échelle régionale

1. *Pour l'entreprise, l'homme est capital*, Centre des Jeunes Dirigeants d'Entreprise, Paris, Vetter Editions, 1998.

2. G. Lipovestky, *L'ère du vide*, Paris, Gallimard, 1983.

3. A. Ehrenberg, *Le culte de la performance*, Paris, Hachette-Pluriel, 1991.

aussi bien que mondiale, dans laquelle le pouvoir appartient à ceux qu'on appelle « les manipulateurs de symboles »[1], ceux qui participent à la mobilité des influences, parce qu'ils les connaissent et contribuent à les orienter (avocats d'affaires, gestionnaires, chercheurs etc.). L'individu performant, parlant plusieurs langues, maîtrisant les règles du marché, assoiffé d'innovation et de reconnaissance devient une figure pilote de la prééminence du marché sur les enjeux de la vie sociale. Il utilise les réseaux sociaux pour se faire connaître, il regarde la formation que lui donne l'État comme une ressource à exploiter, il s'adonne sans complexe à la concurrence professionnelle et affective comme à ce qui augmente ses chances personnelles de réussite.

Une troisième interprétation privilégie le besoin de création comme réponse vitale au défi de la mondialisation en faisant de la pratique de l'autocritique un facteur de créativité ; elle estime que la manière de penser l'action collective réclame un nouveau paradigme, une mutation épistémologique. C'est pourquoi l'entreprise est regardée comme le témoin du réel tel qu'il est : changeant, imprévisible et complexe ; comme révélatrice également de ce qui échoue dans la formation : l'illusion qu'il suffit de reproduire un modèle, l'enfermement dans des spécialités, la croyance aux solutions toutes faites. Est révolu l'âge industriel du travail, le temps où le travail s'identifiait à la production de masse et passait pour la forme la plus adéquate de l'action, quand travailler, c'était surmonter sa subjectivité pour contribuer à former un tout plus grand que soi, qu'il s'agisse de la communauté nationale ou de la classe des travailleurs

---

1. R. Reich, *L'économie mondialisée*, *op. cit.*, p. 157.

dans la vision socialiste. Cette manière de voir est aujourd'hui dépassée par l'exigence d'interaction : le travail se fait en collaboration sur la base d'un projet, quand la productivité pure et simple ne suffit plus à légitimer l'action, mais a besoin d'une légitimité sociale, culturelle et morale qui repose en dernier ressort sur la communication : les normes et les principes qui règlent les comportements doivent pouvoir être élaborés sur la base d'échanges et de débats, de sorte que l'action est interaction. C'est un phénomène social global qui marque aussi bien le droit que la pédagogie et la politique : en droit, la justice acceptée est préférée à la justice imposée : la médiation, la négociation prévaut sur la méthode du procès ; en pédagogie, il est devenu impossible d'imposer une contrainte sans l'expliquer et en donner la raison d'être. Dans ce contexte, l'intercompréhension définit la nouvelle légitimité de l'action. La capacité de donner du sens à son activité, de faire sens à plusieurs, d'être co-acteur devient prioritaire. Responsabilité sociale et responsabilité environnementale transforment la conception de la richesse et la font découvrir comme une réalité complexe, à la fois économique, éthique et civilisationnelle, la vraie richesse consistant à transformer un concept, une méthode, une pratique, une collaboration etc. en un bien collectif durable. La communication favorise l'espérance d'une économie collaborative, tandis que les entreprises endossent des responsabilités nouvelles en matière d'énergie, de partage du pouvoir et d'éthique professionnelle.

La difficulté d'anticiper l'avenir vient de ce que l'ambivalence du phénomène fait elle-même partie de la culture contemporaine. Sommes-nous dans une ère dite « post-industrielle », où le souci du bien-vivre conduit à élargir toujours plus l'individualisation des buts de l'existence, des mœurs, des attentes familiales et professionnelles[1]? Ou bien sommes-nous dans une époque caractérisée par une « hyper-industrialisation » qui confond la politique, la morale et la culture dans une même exploitation capable d'atteindre une degré inouï de déshumanisation[2]? Découvrir les enjeux de ces interrogations, tenter de comprendre les raisons du désarroi, c'est tout simplement participer au vécu d'une époque d'incertitude.

---

1. A. Touraine, *Un nouveau paradigme. Pour comprendre le monde aujourd'hui*, Paris, Hachette, 2005.

2. B. Stiegler, *De la misère symbolique*, volume 1 : *L'époque hyper-industrielle*, Paris, Galilée, 2004.

Chapitre X

AU-DELÀ DES IDÉOLOGIES :
LA FABRIQUE DU SENS

La crise du capitalisme qui s'est déclarée à la fin de la première décennie du XXIᵉ siècle a déclenché une profonde crise morale, semant le doute sur l'avenir de la démocratie. Le sentiment d'impuissance face au monopole de la finance, l'énorme concentration des richesses¹, l'indifférence à la grande pauvreté, le désespoir devant la dévalorisation du travail, l'impuissance des États-nations endettés, la collusion entre banques et fraude fiscale, les scandales nés d'abus de pouvoir ou de trafics d'influence témoignent de la déconnexion qui existe entre la production de richesses et la morale de l'homme ordinaire. La moralité semble avoir déserté la puissance publique et le machiavélisme n'est plus réservé aux Princes, il s'est démocratisé avec le pouvoir de l'argent. L'insécurité sociale est le sentiment mêlé de la perte des protections sociales traditionnelles (familiales, syndicales, nationales), de l'instabilité affective, de la prise de conscience de la disparition d'un monde commun, uni par de communes raisons de vivre

---

1. Voir Th. Pech, *Le temps des riches. Anatomie d'une sécession*, *op. cit.*

ensemble. Découragement, déréliction ou résignation marquent un climat social où ne se partage rien d'autre, bien souvent, qu'une commune démoralisation. Mais surtout, s'est brutalement révélée au public la nouvelle condition d'exercice du pouvoir : la fabrication du sens.

FABRIQUER LA CROYANCE :
LE NOUVEL IMMORALISME POLITIQUE ?

Les révélations d'Edouard Snowden ont mis au jour la pratique de l'espionnage électronique, la dimension planétaire du pouvoir numérique, la disparition de la sphère privée, la généralisation du contrôle au nom de la sécurité, la collusion entre la NSA et les monopoles qui gouvernent internet (Google, Apple, YouTube, Yahoo…). Le plus risqué pour l'avenir de la démocratie est le prétexte d'une sécurisation interminable, car il agit comme un immoralisme politique moralement justifié…

Le montant du financement des partis politiques atteint des sommets et l'on fait appel à des moyens extra-légaux, au risque de scandales et d'accusation de corruption. Les donations faites aux partis politiques par de grandes entreprises sont une manière de créance en attente d'avantages fiscaux. La politique se vend, et l'argent est une manière incontournable d'agir, d'influencer, de marquer sa place. Les campagnes électorales donnent lieu à de grandes manifestations (meetings, spectacles, dîners) où l'on cherche l'avantage d'être présent et photographié en compagnie de personnalités du spectacle, des affaires ou du sport. Les liens entre l'argent et la politique se multiplient et se banalisent.

La pratique de la désinformation a marqué les esprits à l'occasion de la guerre en Irak, par exemple. D'une manière générale, le « mensonge » pieux se pratique en politique. Ou encore, le politicien professionnel joue, devant les caméras, une empathie envers les victimes qu'il a pu lui-même produire par intérêt, ruse ou négligence. Si ces opérations ne sont pas de simples faits divers, c'est qu'elles se rattachent à un phénomène culturel et social d'envergure : *la fabrique du sens* par le politique. « La formulation, l'expression et la communication du sens sont au cœur de la vie collective démocratique. Aucune institution agissant au nom d'un pays démocratique ne peut agir sans faire partager le sens de son action »[1]. Et c'est précisément parce que la démocratie est vouée à *agir par le sens*, à faire partager les buts de sa politique qu'elle a pour effet d'exacerber la guerre entre les partis, entre les communautés, entre les lobbies : il faut obtenir, sinon l'adhésion d'une majorité, du moins, sa résignation au silence. Propagande, mystification, désinformation, diffamation sont des moyens devenus usuels. Il ne suffit plus d'agir simplement sur les esprits, par des raisons et des explications, mais sur des psychismes, par la séduction et l'émotion. L'alliance des sciences de la politique, de la communication et de la cognition fait voir comment la fabrique du sens commence avec la perception (les images), se poursuit avec les mots (les gros titres), se mémorise avec la répétition (informations en boucle), et crée la conviction par mimétisme (sondages ou « engagement » de quelques stars) : le public est une cible dont l'intelligence interprétative se fabrique comme un banal produit. Faire adhérer, c'est faire partager du sens, et les rapports de force se muent en des conflits de sens.

1. L. Francart, *La guerre du sens*, Paris, Economica, 2000, p. 67.

La philosophie des Lumières proposait de libérer les esprits par l'usage de la réflexion : « osez penser par vous-même », est une devise qui s'adresse à l'intelligence dont la capacité réflexive est sollicitée en raison de la confiance en son autonomie morale. Aujourd'hui, c'est l'affectivité qui est stimulée par les slogans publicitaires, les discours démagogiques, les appels à la compassion, à la protestation, à l'indignation... De sorte que la réflexion est empêchée par l'émotion ; si la réflexion se trouve entravée, c'est que nous participons nous-mêmes à l'illusion, que nous sommes indirectement les acteurs de notre propre conditionnement en adhérant de manière quasi inconsciente aux sollicitations qui nous sont adressées ; réagir, c'est éprouver, approuver ou rejeter, et ces élans de notre sensibilité, parce qu'ils sont spontanés et éruptifs, sont considérés par nous-mêmes comme notre authenticité, notre vérité, notre profondeur ; nous ne sommes convaincus que par ce que nous avons envie d'entendre.

Cette malléabilité de l'opinion peut faire rêver d'une domination totale qui combinerait les nanotechnologies, la biotechnologie, les techniques de l'information et les sciences cognitives (NBIC) ; c'est l'anticipation d'une société entièrement fonctionnalisée, géométrisée, dominée par le calcul qui mette en osmose la technique et l'humain, robotise le travail, l'assistance et l'homme lui-même. Des prédictions spectaculaires montrent des robots qui jouent, évaluent, accompagnent, soutiennent, et se substituent aux êtres familiers qui sont encore nos semblables. Puisque toute forme (concept, programme scolaire, code génétique, médicament, sondage politique, trafic routier, immigrations...) est information, la puissance consiste désormais dans la maîtrise des informations interconnectées. Pour que la puissance soit totale, elle doit intégrer notre fonctionnement cérébral (intelligence, affects, mémoire, imagination) dans le champ de sa maîtrise, ce qui est rendu possible par l'alliance de la technologie et des sciences cognitives. Ainsi, le courant de pensée dit « transhumaniste », qui se propose d'augmenter les capacités de l'humain (décision, santé, résistance, puissance) par des technologies miniaturisées incorporées, est à la fois scientifique et politique. Quand la technique ajoute à l'individu les prothèses qui multiplient la performance de ses organes ou bien les remplacent, sa domination est totale car elle repose tout simplement sur *la maîtrise de ce qu'elle a elle-même produit*. En produisant l'homme machine ou l'homme bionique, le transhumanisme s'assure la gestion du monde où il vivra, puisqu'il en aura le total contrôle mécanique. Plus le monde de la vie sera réductible à un ensemble d'informations contrôlables, et mieux une politique d'experts sera à même de décider des raisons de la politique et des buts de l'existence, puisque la politique sera une technique de fabrication de produits contrôlés, comprenant notre santé et notre réussite professionnelle aussi bien que notre identité sexuelle.

Si la *production*, c'est-à-dire la fabrication, peut devenir l'unique mode d'action de toute politique, la domination totale prophétisée par Jünger pourrait se réaliser avec les moyens *high tech*, la résistance devenant impossible si notre adhésion au système est elle-même fabriquée. Chacun en a le pressentiment quand il travaille avec un ordinateur. Il sait que ses messages et ses recherches font l'objet d'un traitement informatique qui consiste à cataloguer et codifier les pratiques et les attentes des internautes pour fabriquer, par anticipation, le marché qui leur sera proposé comme une « réponse » à leur demande de consommation, un marché qui sera, en vérité, entièrement produit et se bornera à conditionner et fixer un désir qui fut saisi en son état naissant. Cette pratique de marketing donne le jour à une identité politique nouvelle et paradoxale, celle d'un libéralisme totalitaire.

Pour fabriquer les croyances, les politologues combinent les techniques de la communication avec les sciences cognitives. On imagine spontanément que le conditionnement de nos esprits résulte d'une action extérieure à nous-mêmes, comme celle du politicien qui veut faire plier nos subjectivités à ses projets, mais ces représentations ordinaires de la publicité héritent en vérité d'une conception étroitement objectiviste de l'aliénation et sont en retard sur les potentialités contemporaines de manipulation. La manipulation communicationnelle, aujourd'hui, part de l'individu lui-même, de l'individu souffrant et aimant, qui souhaite voir ses valeurs partagées et qui attend que lui soient données des informations qui confirment ses choix, confortent sa confiance dans le parti qu'il soutient et crédibilisent les engagements qu'il partage. La communication consiste alors à établir des connexions entre le message envoyé (discours, documents ou images) et les archives émotionnelles inscrites dans le cerveau. Tel est le cadrage cognitif, dont l'ambition est d'intégrer la décision qu'il provoque dans la continuité d'une même expérience, au cœur de l'intimité d'un choix personnel illusoirement libre. Le rôle des images est décisif dès lors que l'image équivaut à l'expérience vécue.

Diffuser des images de voitures incendiées intensifie l'expérience de l'insécurité ; diffuser des témoignages de viols collectifs renforce le refus de laxisme judiciaire ; le cadrage cognitif vous fait choisir à la place de vous-même, en ignorant la distanciation, l'autocritique et l'auto-transformation de soi, car le but n'est pas de convaincre, mais de substituer une conviction fabriquée à une conviction libre, de composer mécaniquement une *égoïté* figée : vous-même. Il ne faut pas s'y méprendre, un cadrage cognitif n'est pas seulement une manière de faire imiter un comportement dominant par réflexe grégaire et comme par contamination ; plus profondément, il structure l'activité de l'intelligence, la manière dont elle-même interroge et classe les documents, active une recherche ou une discussion et sélectionnera, en définitive, les réponses préprogrammées ; il ne s'agit pas d'endormir ou d'hypnotiser l'intelligence, mais de tirer de sa spontanéité illusionnée une crédibilité sociale qui soit politiquement légitimable : c'est ainsi que l'interview et le sondage ont besoin de témoins qui parlent et qui raisonnent, de témoins qui fassent office de « célébrants » et d'« accélérateurs de croyance »[1] aux bienfaits de la communication. Quand la raison est mise hors-jeu, court-circuitée par la production d'émotions contrôlables, l'étrange est que, seul, apparaît comme un homme libre aujourd'hui celui dont les *croyances*, impossibles à programmer, restent libres.

Mais, puisque sensibiliser le public, c'est lui présenter les informations de manière à le mobiliser en le révoltant ou en l'alarmant, il en résulte que la résistance

---

1. Termes empruntés à Erik Neveu, *Une société de communication ?*, Paris, Montchrestien, 2011, p. 142.

à ce *soft power*, elle aussi, se fabrique comme un pouvoir, comme le pouvoir d'un contre-pouvoir, certes, mais avec les mêmes moyens de pression médiatique. On se souvient du montage, par des révolutionnaires roumains, d'images propres à donner l'illusion d'un charnier imputable à la violence politique de Ceaucescu : la crédibilité émotionnelle de l'horreur humanitaire était jugée nécessaire à la transmission de l'information et à l'adhésion de l'opinion publique européenne au changement du régime, même au prix d'un mensonge politico-médiatique. De nos jours, le sentiment de l'urgence écologique, lui aussi, se forge médiatiquement et s'élabore stratégiquement comme « la production sociale d'une nouvelle culture de la nature »[1], les médias étant indispensables pour créer l'impression qu'il existe un accord de tous les scientifiques sur la question du réchauffement climatique, sur la dénomination et la délimitation du problème, avec l'appui spectaculairement exhibé de scientifiques, d'activistes et de vedettes dési-reuses de grossir leur réputation sur un thème d'intérêt planétaire. Si bien que le réel ne devient perceptible qu'à travers sa fictionnalisation médiatique.

L'ONTOLOGIE DU SAVOIR

Si un contre-pouvoir ne fait jamais que réutiliser les moyens du pouvoir de fabriquer l'opinion par conditionnement, il semble qu'il ne reste plus qu'à céder à la résignation, à la rage ou au désespoir... Toutefois, un autre chemin est possible, qui consiste à se placer, pour tenter de mieux le comprendre, au niveau ontologique

---

1. M. Castells, *Communication et pouvoir*, Paris, Éditions de la Maison des sciences de l'homme, 2013, p. 389.

du phénomène. L'âge cybernétique, en effet, n'est pas une simple complication technologique des conditions habituelles de la vie, il définit un nouveau type de « civilianisation », au sens où il s'agit d'un processus de civilisation techniquement engendré. Dans la société de l'information, le savoir détermine une nouvelle ontologie ; il inclut l'affectivité, la perception, le désir, l'imagination et la foi ; il est en quelque sorte un « fait social total ». Savoir, c'est d'abord savoir traduire, savoir exprimer et savoir faire connaître. Puisque c'est par l'émotion que nous sommes manipulables, l'affectivité occupe une grande place dans le registre contemporain des « savoirs », le savoir incluant les facultés sensibles (percevoir, désirer, imaginer, s'émouvoir, croire…), ce que révèle la « société du spectacle » … précisément au moment où elle en abuse.

Ce rôle nouveau du savoir inaugure une mutation ontologique qui caractérise la société de l'information. Nous sommes immergés dans une ontologie entièrement phénoménaliste, au sens où il n'existe pas de réalité en soi, mais seulement des phénomènes : la réalité n'est rien d'autre que ce qui nous apparaît, à nous, internautes. Le phénoménisme intégral est ce qui fait de la réalité un simple devenir, le corrélat des manières plurielles de percevoir et de comprendre. L'ère numérique accentue l'inachèvement propre à l'humanité, dès lors que le sujet individuel n'est pas lui-même l'origine de la perception ni de l'intelligibilité du réel quand ce dernier est devenu le résultat incertain d'expériences hétérogènes additionnées sans ordre préexistant (ce que nous constatons chaque fois que nous regardons un journal télévisé : le réel s'est déplacé depuis la veille ou la semaine précédente). Le phénoménisme intégral interdit de penser l'action à partir d'un point de vue externe, transcendant et immobile, puisque la réalité n'existe qu'à travers les manières de la voir, de la dire, de la comprendre et de la vouloir. Sur le Web, les internautes échangent leur vision d'un événement (présentation de mode ou attentat) pour savoir s'ils partagent le même ressenti et font la même évaluation de ce qui sera pour eux le phénomène de la réalité, la réalité identifiée à ce qui leur apparaît, de même que les médias font la réalité telle qu'elle est « pour nous » et non pas « en soi ». En multipliant les appels aux témoignages vidéos, aux reportages d'observateurs non spécialisés, les médias se font le miroir d'une réalité dont le propre est d'être communicable, objet de discours et d'interprétations ; auteurs, théoriciens, compositeurs, analystes font connaître leurs productions par les medias de masse ; du même coup, les concepts et les visions qu'ils transmettent contribuent à identifier la communicabilité du réel avec son intelligibilité (cadrage symbolique et débats fondateurs sont un fait public et répondent aux besoin d'interaction compréhensive). Inversement, interviews et tables rondes obligent également les politiques et les intellectuels à un affrontement entre théorie et pratique, entre conception et application.

Le savoir inclut la croyance, le savoir a besoin de la croyance [1] car sa mobilité inventive réclame la crédibilité

---

1. « La plurivocité contradictoire des discours scientifiques accorde une place de plus en plus déterminante à la *croyance* en la science ou en l'antiscience *(telle* méthode particulière, *telle* hypothèse, *telle* orientation). C'est peut être le « petit plus » dans la présentation, la capacité personnelle à emporter la conviction, les contacts, l'accès aux médias, etc., qui confèrent à la *découverte particulière* les attributs sociaux de la *connaissance* », U. Beck, *La société du risque, op. cit.*, p. 370.

nécessaire à la légitimation de ses applications, de ses innovations, dans le domaine médical et commercial en particulier. Sa crédibilité est essentielle d'abord parce que ses sources et son aventure ont une proximité plus grande avec un public mieux averti, que la mondialisation rend sensible aux forces que l'histoire en même temps que l'énergie personnelle ont fait naître ; ensuite, parce que l'importance de la motivation dans l'action (professionnellement aussi bien que personnellement) fait rêver idéalement d'une union intime et sacrée entre la conviction et le savoir dans la compétence du spécialiste. On attend du savoir qu'il corresponde à une expérience humaine complète, mettant la vitalité désirante et la vitalité intellectuelle en état de quasi-fusion dans la conquête d'un but digne d'être atteint. Mais si l'alliance du savoir et de la croyance est un composant indissociable de la société de l'information, ses effets sont inévitablement ambivalents. Il est facile de remplacer le savoir par la croyance en une simple information. Si l'important est de faire croire, le savoir n'est qu'un simple prétexte. Les procédés de la publicité des années 60-70 qui ont usé de cet amalgame étaient si naïfs qu'ils provoquaient l'incrédulité autant qu'ils emportaient la conviction ; aujourd'hui la publicité pour les marques de produits est plus subtile et met en action plusieurs champs sémiotiques (esthétique, érotiques, éthiques) avant de décider du sens qu'elle impose finalement comme « message » : le travail de transfert du message dans les dispositions cognitives de l'auditoire doit donner à celui-ci l'illusion de *l'avoir lui-même choisi*[1].

1. Dans un tout autre domaine, celui de l'enseignement universitaire, il n'est pas si rare de voir un doctorant pratiquer une stratégie d'amalgame entre les sources scientifiques de ses travaux et la

Penser que l'économie domine le monde au point de dévaloriser la politique, c'est oublier que l'économie n'est elle-même qu'une émanation d'un phénomène bien plus profond : la réalité en devenir. Les nouvelles techniques de l'information et de la communication sont plus que des outils qui s'ajoutent artificiellement aux moyens de vivre habituels, ils sont incorporés dans notre équipement sensoriel et cognitif par quoi nous engendrons un savoir multi-expressif en ce qu'il est à la fois médiateur entre les hommes et entre les hommes et leur environnement, de sorte que le temps, l'espace et les codes langagiers sont les cadres du monde tel qu'il *devient par nous et pour nous*. Nous sommes pris dans un devenir dont nous sommes à la fois acteurs et actés, obligés de vivre d'un mouvement continuellement réinventé [1].

POLITIQUE DE LA SERVITUDE

La Boétie se demandait comment un seul homme pouvait se faire obéir d'une multitude ; ce mystère du pouvoir trouvait sa réponse dans la thèse fameuse de « la servitude volontaire » : si la servitude n'était pas volontaire, avance La Boétie, le tyran serait sans force, car il serait seul contre tous. Cela ne signifie pas que la servitude est souhaitée, mais qu'elle est acceptée ; le renoncement à la liberté est volontaire quand la liberté n'est pas préférée à l'asservissement, et ce, par un engrenage de mobiles très spontanés. La servitude est d'abord un fait

croyance qu'il veut en tirer sur le plan émotionnel, conscient qu'il est de travailler dans un espace public où le succès se joue sur la crédibilité des signes : lui aussi tente de fabriquer le cadrage cognitif du récepteur, le jury dont il faut susciter l'adhésion, dans l'attente de son éventuelle complaisance.

1. M. Castells, *La société en réseaux, op. cit.*, p. 416 et 468.

coutumier et quelque peu grégaire qui fait juger *normale* l'habitude de servir. Consentir à la subordination, dès lors qu'elle passe pour naturelle, est la même chose que consentir au mensonge et à la déloyauté dès lors qu'ils passent pour ordinaires. L'abêtissement volontaire ouvre, lui aussi, les voies de la servitude : alors que la domination est mal supportée dans ses manifestations brutales, elle est fort bien admise quand elle multiplie ou massifie les plaisirs, qu'elle donne, en quelque sorte, le pouvoir au plaisir. La Boétie parle de « drogueries », par où s'entend aussi un abêtissement consensuel, fort applicable au pouvoir des divertissements collectifs. Et comment ne pas reconnaître que la propension à servir peut procéder de l'appétit même du pouvoir ? S'asservir pour prendre sa part de pouvoir, obéir pour pouvoir commander et, comme c'est souvent le cas dans les administrations très hiérarchisées, tenir d'autant plus à sa parcelle de pouvoir qu'elle est plus petite et insignifiante. Le jeu des rivalités nées de l'ambition et de la cupidité, bien qu'elles soient des mobiles individuels, constitue, sur le plan collectif, la meilleure garantie de l'asservissement de tous.

Quelle réponse fournir à la même question quand on la pose aujourd'hui ? Les contradictions liées à la société de l'information sont connues : la promesse d'épanouissement de soi aboutit aussi à l'asservissement de soi, et l'espérance d'une culture circulante et partagée cohabite avec la déculturation et avec un nouveau type d'analphabétisme. Certes, quand le partage des savoirs devient la condition de toute réussite personnelle ou collective, le besoin de reconnaissance s'impose comme un nouveau mobile de la réalisation de soi, mais il peut devenir, pour l'individu, une motivation infernale et destructrice, un motif de découragement à force d'entendre exalter l'originalité individuelle, et conduire à des souffrances nouvelles (stress, dépression, auto-aliénation, autodestruction…). L'individu post-moderne tombe malade de son auto-responsabilisation quand il lui est demandé de se transformer tout entier en instrument de performance. Le besoin de créativité est reconnu, mais le culte de la performance se révèle destructeur de créativité quand la performance est assimilée à une somme d'efficiences productibles par conditionnement et nourrie de l'illusion qu'elle est d'autant grande qu'elle est vide d'esprit et d'inspiration pour ne se vouer qu'au calcul du coût des résultats ; ce qui est scientifiquement absurde, moralement contre-productif et n'engendre que des « mercenaires » du chiffre.

Qu'est-ce qui donne à la modalité contemporaine de l'auto-asservissement le pouvoir de perpétuer un productivisme concurrentiel dont chacun reconnaît pourtant les injustices et les souffrances ? Sans doute la croyance sur laquelle elle repose, la croyance dans la fatalité du système, la conviction qu'il est le meilleur, qu'il est l'unique chemin de l'avenir, un chemin qui serait sans alternative. *La croyance à l'irréversibilité de l'impérialisme technique est ainsi le meilleur allié du déterminisme technologique* lui-même, puisqu'il le légitime, le perpétue et lui sert ainsi de moteur. Comment ne pas convenir, en effet, que la culture, la richesse, la prospérité et le savoir soient indissociablement liés aux techniques de l'information et de la communication ? Il n'y aura personne non plus pour nier que le savoir, dans ses versions numérisées, peut s'enrichir, se multiplier, engendrer une intelligence collective, créer de nouvelles potentialités de prospérité et de démocratie. C'est assurément incontestable, mais sous réserve de ne pas *croire* que seule est créatrice la *soumission* à la technologie, une subordination qui devrait continuer d'être, exclusivement et aveuglément, la condition de toute politique future de l'innovation. Car cette croyance-là ne renvoie pas à la réalité, mais à un imaginaire.

Un imaginaire d'ordre à la fois psychique, social et politique : l'image qu'une société se fait d'elle-même et par laquelle elle s'organise, s'institue et se sanctionne[1]. Cet imaginaire est une représentation génératrice des significations validées par une communauté, la clé du sens par lequel elle justifie son existence, se reproduit et se réforme. L'imaginaire agit par son sens, un sens qui échappe à une analyse naïvement mécaniste ou sommairement matérialiste. Il est absurde de croire, par exemple, que le besoin physique, qui est une pression biologique prélogique et incommunicable puisse engendrer des raisons et des motifs d'action collective ; si, en effet, les besoins sont des causes extérieures et étrangères au raisonnement, brutes et dépourvues de signification, il est impossible qu'ils aient une influence sur les comportements du groupe[2] ; c'est seulement quand ils prennent sens dans un système de symboles institués socialement qu'ils deviennent des motifs significatifs pour une action finalisée. Comment comprendre des phénomènes comme l'esclavage ou le nazisme autrement que comme des imaginaires auto-

1. Nous renvoyons au sens donné à ce terme par Cornélius Castoriadis, dans *L'institution imaginaire de la société*, *op. cit.*

2. « L'humanité a eu faim de voitures et de télévision, elle a eu faim de pouvoir et faim de sainteté, elle a eu faim de mystique et de savoir rationnel, elle a eu faim d'amour et de fraternité... Il faut une bonne dose de crétinisme pour prétendre qu'elle s'est inventé toutes ces faims parce qu'elle n'arrivait pas à manger et à baiser suffisamment », C. Castoriadis, *L'institution imaginaire de la société*, *op. cit.*, p. 204.

justificatifs d'une société donnée à un moment de son
histoire, légitimant les comportements qui en valident et
vérifient le sens jusque dans leurs formes inconcevables
ou monstrueuses ? Or la société de l'information, elle
aussi, se nourrit d'un imaginaire instituant, l'imaginaire
d'un pouvoir indéfiniment extensible, extensible comme
l'inventivité technologique qui combine l'information, la
biogénétique et la cognition. Quoique nés d'une concep-
tualité rationnelle très pointue, ces outils relèvent, politiquement, d'un imaginaire de la puissance, l'imaginaire
d'un bonheur techniquement productible...

QUAND LES CHOSES DEVIENNENT DES MOTS

L'imaginaire, comme l'idéologie, a le pouvoir de
«rendre compte des contradictions entre les faits » en les
regardant comme de simples moments « d'un mouvement
unique, identique et cohérent » [1]. La cohérence abstraite
d'une idée, en effet, montre une évidence si transparente
et aveuglante qu'elle peut s'imposer comme étant plus
réelle que la réalité ; il en est ainsi, par exemple, du
racisme : comme j'attribue mon racisme à la race de
celui qui me « rend » raciste, ce jugement se préserve de
toute rectification possible par l'expérience : s'il arrive
qu'un individu de l'autre race me ressemble assez pour
contredire mon racisme, c'est qu'il est une exception,
laquelle, selon le dicton, ne fait que confirmer la règle...
Voilà qui montre que l'illusion du vrai peut être préférée
au vrai et que l'interprétation du réel, pourvu qu'elle soit
dominante, peut rendre insensible à l'épreuve des faits,
aussi contradictoires, douloureux ou terrifiants qu'ils

1. H. Arendt, *Le système totalitaire*, trad. J.-L. Bourget, R. Davreu,
P. Lévy, Paris, Seuil, 1972, p. 217.

soient. L'imaginaire de la communication illimitée opère, pour sa part, à la façon de l'idéologie en escamotant magiquement les contradictions réelles sous le voile de la transparence souveraine d'une unique solution à tous les problèmes ; ainsi, l'axiome voulant que toute réussite résulte des bienfaits de la communication (à l'école, dans l'entreprise ou dans les chancelleries…), tout échec sera imputé au défaut de communication (divorce, délinquance, crise, choc des cultures…).

Mais c'est sans doute la notion de mythe qui explique le mieux la puissance fédératrice de l'impératif de communication. Reconnaître ouvertement que la société de communication est un mythe[1] permet d'en rendre compte en se gardant de tomber soi-même dans l'idéologie. Le mythe a les pouvoirs de l'idéologie (il efface les contradictions vécues dans la logique unitaire d'une idée), mais, à la façon d'un imaginaire instituant, il est porté à affronter les turbulences de l'avenir, alors que l'idéologie est subie comme une vérité définitive qui réduit tout futur à un présent perpétuel. Et surtout, le mythe n'existe que porté par la foi de ses croyants, qui entretient sa durabilité, car il est un imaginaire que chacun veut perpétuer par ses propres forces. De ce point de vue, la société de communication alimente une sorte de nouvelle mythologie démocratique. Rêver de voir les conflits sociaux résolus par davantage de communication entre les parties rivales, penser que l'accès au savoir sera absolument égal et simultané pour tous ou que la guerre sera définitivement remplacée par le dialogue est l'anticipation mythique d'une renaissance à venir de la

1. Comme le fait de manière instructive Erik Neveu, *Une société de communication ?*, *op. cit.*

démocratie à la manière d'un nouveau commencement du monde civilisé.

Toutefois le mythe de la communication ne se borne pas à nous imprégner d'un unique discours, il doit être aussi ce qui « nous fait agir » au sens que Montesquieu donne au « principe », terme qui désigne le mobile fédérateur propre à un régime politique. Faire agir, en l'occurrence, c'est faire accepter, entériner et prolonger les nouveaux rapports de domination instaurés par la société de l'information. Une nouvelle division du travail s'installe au niveau planétaire, qui donne le pouvoir, on l'a vu, aux « manipulateurs de symboles ». Avec la révolution dite post-industrielle, les transformations économiques modifient les relations sociales et culturelles. Qu'est-ce que la haute technologie sinon de l'innovation permanente, une transformation continue des produits, des services et des relations humaines ? Son pouvoir se conquiert par l'invention symbolique dans le domaine de l'information, de la finance, de la technologie ou du spectacle, *pouvoir invisible* et surtout pouvoir *soft*, n'agissant pas par violence mais par suggestion et influence, créateur de conditionnements acceptés parce qu'ils rendent la vie digne d'être vécue ; avocats, journalistes, managers, stars, scientifiques, ces découvreurs de biens immatériels (concepts, idées, images, méthodes, calculs, modes…) fabriquent nos styles de vie, inspirent nos solidarités, forgent nos goûts et provoquent notre mobilité. Faire agir, c'est faire participer aux mises en réseaux, aux connexions privilégiées, ne pas s'exclure des codes de la réussite en les incorporant dans nos discours et nos comportements les plus intimes.

Le pouvoir fédérateur du mythe de la communication est donc d'ordre symbolique, au sens où il repose sur la capacité d'*autofiction* de tout un chacun, d'où vient son besoin toujours plus accentué d'individualiser ses cibles. Il faut que chacun, dans l'intimité de ses jugements et de ses désirs, relaie le pouvoir des médias et fabrique à son tour la croyance qui le fait adhérer. Il faut qu'il sache produire en lui-même la « bonne » interprétation des faits et des événements pour en dominer l'imprévisibilité. Il doit produire la « fictionnalité » nécessaire à assurer la cohérence de son expérience comme expérience caractéristique de la civilisation de la communication ; il doit se faire auto-communiquant, reproduire la magie du mythe en le médiatisant, en quelque sorte, pour son propre compte. Les fervents du journal télévisé peuvent observer qu'ils sont « accros » à la fiction de la réalité plus qu'à la réalité elle-même : les événements filmés et racontés à l'intention du grand public acquièrent la familiarité des visages de leurs présentateurs, le bien-être cognitif retrouvé chaque soir se joint à l'information absorbée et en conditionne la réceptivité. En renouvelant intérieurement la croyance au mythe de la communication, chacun peut être contradictoirement d'accord avec des faits parfaitement contradictoires. Pour prendre un exemple : la démocratie communicationnelle a pour idéal de réduire les conflits par la voie du dialogue ; bien que, dans les faits, les violences urbaines, scolaires ou conjugales révèlent l'émergence de nouvelles conflictualités, celles-ci seront interprétées, non pas comme le besoin d'une politique plus répressive, comme on pourrait le croire, mais comme le besoin d'une politique plus démocratique et flexible : la cohérence de la « bonne » interprétation, celle du bien-être cognitif, le veut ainsi; de même, le délinquant n'est pas considéré comme celui qui brise la paix, mais comme qui n'a pas encore compris l'intérêt de la paix; pour le convaincre « pédagogiquement » des vertus de la communication, les partisans les plus engagés de la démocratie communicationnelle estiment qu'il faut éviter les politiques sécuritaires et faire barrage aux opinions insuffisamment tolérantes, décrédibilisées comme réactionnaires. Aussi le mythe du bonheur par la communication généralisée se recrée-t-il lui-même par le travail individuel d'autofiction périodiquement réactivé. Il se fortifie de notre automystification ou autosuggestion, non pas comme d'un mensonge ou d'une erreur (on n'est pas dans le domaine de la recherche scientifique), mais comme d'un fait social, dont le rôle est, précisément, de faire société.

Le pouvoir symbolique agit donc par la représentation sur les représentations. En un sens très large, tout pouvoir est symbolique dans la mesure où il est légitimé par l'adhésion et la foi que l'on place en lui. En un sens plus spécifique, au service d'un type particulier de gouvernement, le pouvoir symbolique consiste à imposer comme objectivement réelle une représentation dont l'origine n'est que culturelle, le pouvoir imposant à la société le langage symbolique qui correspond à son découpage hiérarchique de la réalité. Pierre Bourdieu montre ainsi, par exemple, que la domination masculine ne peut s'imposer politiquement comme « naturelle » que parce qu'elle maîtrise le pouvoir symbolique de décréter et nommer ce qu'est la réalité, en créant l'illusion de la faire dériver d'un ordre immuable, supra-politique, en un mot « naturel », originaire et fondateur. En effet, la domination, en tant que maîtrise des moyens d'exercer la force, ne donne par elle seule qu'un pouvoir physique, mais il faut encore le pouvoir qui l'investira de l'autorité qui légitime aux yeux de tous l'obligation de se soumettre à la force. Le pouvoir symbolique est alors très spécifiquement ce qui fait de la réalité sociale un objet de croyance, réalité que chacun se représente comme véridique et juste. Le pouvoir symbolique procède ainsi par le moyen de « schèmes cognitifs », entendons par là que son alchimie opère secrètement, à l'insu des individus, par un processus inconscient et circulaire : il subjectivise une représentation extérieure, de sorte qu'elle s'apparaît à elle-même « objectivement » bien fondée ; ainsi la politique invente la naturalité sexuelle comme une *représentation* mentale qui occulte l'origine sociale d'une inégalité qui structure *réellement* la sexualité individuelle ; par suite, ce que l'individu croit juste en vertu de son jugement personnel contribue à cautionner une injustice dont la fonction est de reproduire un système social. Le désillusionnement libérateur consiste alors à dévoiler que le pouvoir est illusoirement naturel, dépendant qu'il est, dans sa réalité, de *nos* représentations, et que, si nous nous asservissons nous-mêmes, c'est que nous *croyons* que l'inégalité est dans l'ordre des choses.

Qu'a donc de spécifiquement nouveau le pouvoir symbolique qui s'instaure avec la société de l'information ? Tant que l'on stipule une différence de nature entre le discours et la réalité, le recours à l'intelligence critique sert à se libérer des fausses représentations, en reconstruisant rationnellement l'accès au réel tel qu'il est supposé être vraiment, c'est-à-dire en soi, hors de nous et indépendamment de nous. Le marxisme, par exemple, enseigne à se libérer des représentations aliénantes en tant qu'elles sont des *superstructures* qui masquent les rapports de force réels, correspondant, selon son analyse, aux places occupées dans le procès de la production économique; se désaliéner, c'est prendre conscience de son rôle d'exploitant ou d'exploité au niveau des *infrastructures*. Mais ce qui change, avec la société de communication, c'est la nature même du réel, entièrement identifié à l'information qui l'énonce, dématérialisé, virtualisé. Quand les choses deviennent des mots, une révolution mentale peut seule faire comprendre que les biens, la propriété, la richesse se dématérialisent au point de devenir, en quelque sorte, un pur mouvement, c'est-à-dire de la mobilité aussi bien mentale et psychique que physique et financière. L'expérience la plus commune de cette dématérialisation de la richesse est celle de la carte de crédit : l'argent est dématérialisé, transformé en « signes » comptables d'alternances entre ce qui est crédité ou débité sur un compte qui se lit et se comprend comme un langage. Une visite à l'hôpital fait également comprendre la dématérialisation du réel. Le corps qu'examine le chirurgien n'est pas le corps vécu, avec son poids, ses odeurs, ses appétits et ses douleurs. C'est un corps scanné, informatisé, abstrait, support de calculs et de prévisions, objet d'interventions décidées selon des procédures, des codes et des débats entre décideurs juridiquement et médicalement attitrés; on a pu parler d'une médecine sans corps [1]. Dans la société de l'information, d'une façon générale la communication « fait » le réel, qui est l'ensemble des informations qui se disent, se vendent, s'échangent et se transforment.

---

1. D. Sicard, *La médecine sans le corps*, Paris, Plon, 2002.

La réalité « est entièrement captée, immergée, dans un cadre d'images virtuelles, dans un univers de simulacres, dans lequel les apparences ne se situent pas seulement sur l'écran où l'expérience est communiquée, mais deviennent l'expérience même [1] ». En bref : la réalité n'existe que dans le langage et par le langage, et les médias sont ses langages.

ANTINOMIE DE LA POLITIQUE DE L'INNOVATION

C'est la même chose que de dire que la virtualité est la réalité. Mais la richesse sémantique et l'ambiguïté profonde du mot « virtuel » font appréhender l'antinomie de la politique de l'innovation. Le virtuel représente à la fois un formidable outil de création et un formidable outil d'aliénation. Une extraordinaire puissance d'augmenter la vitalité créatrice de la vie ; mais aussi une extraordinaire puissance de la capter pour l'asservir à une finalité monolithique : la puissance pour la puissance. Deux images suffisent à évoquer synthétiquement l'ambivalence de la perception que le début du XXI e siècle peut avoir de la virtualisation de l'expérience humaine. Imaginons un adolescent offrant à ses parents, pour leur anniversaire, le film de leur vie commune à la manière d'une fiction romanesque : ce déplacement fictionnel du vécu, décalé et humoristique, fait voir la symbolique qui a nourri la vie familiale, la décrypte en même temps qu'elle lui donne une nouvelle naissance. L'image fait revivre la vie passée en l'augmentant de manifestations d'amour qui ont pu être, dans l'expérience réelle, inhibées ou incomprises ; elle instaure le vécu qui ne fut pas vécu. Dans cet exemple, la virtualisation du réel apparaît comme

1. M. Castells, *La société en réseaux, op. cit.*, p. 469.

une remarquable invention de nouvelles puissances d'être. Evoquons maintenant, pour choisir un exemple antinomique du précédent, le monde virtuel qui est celui de la finance. Globalisés, numérisés, déterritorialisés, les marchés financiers anticipent des évolutions, évaluent des tendances, réagissent à des emballements... Ils forment une sorte d'intelligence collective où l'argent s'apprécie et se déprécie au rythme de l'information. Le capitalisme informationnel donne de la réalité virtuelle l'image d'un collectif anonyme, technocratique et monolithique; la puissance financière, étant à elle-même son propre but, l'innovation technologique, quelle qu'elle soit, est un événement absorbé par la logique immaîtrisée des flux financiers.

Impossible d'ignorer la coexistence et la contradiction de ces deux tendances motrices. Le politique doit prendre la responsabilité d'un monde où la culture et l'économie entretiennent des rapports d'interdépendance si étroits que le facteur humain s'y trouve à la fois exalté et terriblement menacé. Un nouveau type d'utopie culturelle a fait son entrée, il y a quelques décennies, dans le domaine des sciences et techniques de l'information et de la communication, qui prophétise la réconciliation entre la technique, le savoir et la sagesse. Avec l'électronique et l'informatique, nous serions entrés dans une nouvelle phase de l'évolution humaine, qui donne le pouvoir suprême au Savoir. Dès lors que le savoir peut être traité et échangé comme un ensemble d'informations disponibles *via* Internet, la technique cesse d'être domination, pour devenir *interaction*. C'est ainsi que technique et culture sont appelées à se réconcilier dans la gestation d'un nouveau monde, parfois nommé

« noosphère », sphère de l'idée, royaume de l'esprit. Une nouvelle carrière est ainsi donnée aux thèses à la fois scientifiques et mystiques que développait jadis, dans la première moitié du XXe siècle, Teilhard de Chardin, lequel définissait la noosphère comme « le cerveau commun de l'humanité », « une immense machine à penser »[1], contemporaine de l'unification planétaire de l'Humanité dotée d'une même conscience collective de sa solidarité organique et culturelle. Rêve futuriste, assurément. Sans céder à l'imaginaire d'une planète numériquement spiritualisée (projet que sans doute des dieux, et non des hommes, pourraient réaliser), il faut constater que les réserves de fécondité contenues dans l'interaction et l'entre-expression des connaissances et des informations font espérer l'avènement d'une culture publique construite comme une création collective ; puisque l'état du monde est connu par la communication des savoirs (journalistiques, scientifiques, juridiques, médicaux, économiques...), que les mots et les images sont devenus les conditions de l'expérience, chacun n'a accès à la réalité que par *la médiation d'un autre*. Cet autre est un chercheur, un commentateur, un entrepreneur, un décideur... tous ont en commun de donner un *accès symbolique à l'expérience* (un accès à la réalité médié par des mots, des images, des tableaux de chiffres, des témoignages...). Sur ce fondement naît la conception d'un autre pouvoir pour une autre politique : pouvoir qui se partage, qui naît des compétences, qui libère des pesanteurs administratives, de l'arrogance des chefs ; pouvoir qui fait confiance à l'initiative des individus,

---

1. P. Teilhard de Chardin, *La formation de la noosphère*, 1947, publié dans *L'avenir de l'homme*, Paris, Seuil, 1959, p. 221.

à leur sens des responsabilités et à leur capacité de solidarité[1].

Mais comment ne pas craindre que cette politique de l'innovation, dynamisée par l'imaginaire des futures réalisations collectives stimulées par la liberté individuelle dans sa quête d'épanouissement ne soit, finalement, qu'un instrument au service d'une toute-puissance invisible mais cosmique, celle qui vise la maîtrise de tous les pouvoirs et le contrôle de tous les contrôles? Comprendre la civilisation du savoir réclame un « réalisme brutal » explique un politologue américain en analysant la signification à la fois économique, politique et culturelle de la première guerre d'Irak. Un changement de civilisation est amorcé; il est conduit par la pointe avancée de la civilisation occidentale, et n'a d'autre but que de porter toujours plus loin les moyens de puissance qui lui sont nécessaires pour affronter la totalité des périls qui la menacent au niveau mondial; se trouve engagée une course sans fin, une sorte d'illimitation du droit à l'auto-défense, conduisant la civilisation occidentale, américaine en l'occurrence, à perfectionner indéfiniment les moyens de dominer, afin de posséder, adapter et inventer des instruments de maîtrise non seulement technologiques, mais également communicationnels et intellectuels, toujours plus perfor-mants. La course à la surpuissance technologique serait ainsi l'instrument d'une « contre-guerre » qui sera indéfiniment reconduite[2]. Le schème cognitif « réaliste » qui domine les représentations économiques étant celui

---

1. « L'objectif n'est pas de gagner, mais de coopérer », E. Albert, *Partager le pouvoir, c'est possible*, Paris, Albin Michel, 2014, p. 168.
2. « Les politiques de réglementation, de surveillance ou de manipulation des médias (ou de défense de la liberté d'expression)

de la guerre, on conçoit qu'il en naisse le rêve d'un homme « augmenté » de prothèses qui pourraient, peut-être, le rendre invulnérable.

Antinomie politique donc, dans le déchirement interne à la politique entre la responsabilité de réussir une nouvelle civilisation et la tentation de la sacrifier par avance aux performances d'un pouvoir qui se voudrait invincible. Antinomie entre l'éthique et la technique dans le rêve de substituer à l'éthique tous les moyens de la technique : le drone tue à la place du soldat; le ventre-porteur donne la vie à la place de la mère : le bonheur n'est-il qu'une accumulation de performances vitales et sociales ?

seront une composante essentielle des stratégies de savoir de demain », A. Toffler, *Guerres et contre-guerres, op. cit.*, p. 247.

CHAPITRE XI

UNE CULTURE DE LA CRÉATION

POLITIQUE ET ANTHROPOLOGIE

C'est pour améliorer la condition des hommes que le pouvoir ramène la création à une simple fabrication, mode de réalisation unique et universel des objets matériels et immatériels, comportements et pensées. La confusion entre création et fabrication (ou production) a été encouragée par l'idéologie scientiste[1], elle a aujourd'hui le soutien de l'idéologie informationnelle, elle est tenue, dans l'opinion publique, pour le vecteur de toute idéologie progressiste.

Comment ne pas tenir pour « humaniste », en effet, le choix de *produire* ce qui est souhaitable ? N'est-il pas « humaniste » de mettre la satisfaction de désirs humains à la portée de moyens humains ? La production,

---

1. « L'économisme règne en maître : les phénomènes politiques sont conçus comme de simples "expressions",sans consistance propre, de processus économiques dont les "experts" détiendraient les "lois". Résultat : la pensée politique a renoncé à toute ambition inventive ; et la pratique politique s'abîme dans la gestion de l'existant », D. Lecourt, *Contre la peur*, Paris, Hachette-Pluriel, 1990, p. 28.

selon qu'elle se conforme à un schème artisanal ou à un schème marchand, réalise des objets adéquats à une fonctionnalité, comme préserver la santé, augmenter la force, faire durer beauté etc. Pour aller vite, on dira que la production réalise un objet comme le résultat d'une cause, mais que la création engendre des buts et des commencements d'action. On *crée* une fondation, par exemple, en tant que réalisation dont la finalité se continuera par des actions renouvelées dans l'avenir ; mais on *produit* une machine pour exercer une fonction dont les effets sont mesurables. La production est de l'ordre de la maîtrise, la création de l'ordre de l'inspiration. L'ébauche de cette distinction est, assurément, moins économique que philosophique, mais un professionnel sait la vérifier d'après le type de management qui est exercé dans son milieu professionnel ; si le leader veut techniquement obtenir une plus grande efficacité de ses employés, il cherchera à provoquer par des causes (menace, intérêt financier, susceptibilité, rivalité…) une *mobilisation* de soi analogue à une activité mécanique ; mais s'il cherche à susciter la créativité de son employé, il s'adressera à sa capacité d'*auto-inspiration* en vue de concevoir un but qui engendre l'action à partir de sa valeur intrinsèque. Pour produire des objets à la chaîne, des robots remplacent avantageusement les hommes en efficacité (ils ne se fatiguent pas et n'ont pas de revendications salariales).

C'est à l'âge industriel qu'est rattaché le modèle productiviste fordien, parce que les biens matériels en font quantitativement la principale richesse. L'âge numérique fait appel, pour sa part, bien davantage à la libre création des personnes, parce que la part d'esthétique, de communicabilité et de symbolisme, la part de valeur immatérielle est intrinsèquement liée à l'attractivité de la conception des objets. Mais la même question revient : la créativité, personnelle ou collective, ainsi sollicitée est-elle en rupture ou bien, au contraire, en continuité avec un productivisme mécaniste et scientiste au point de frayer plutôt la voie à un hyper-productivisme ? Les observateurs parlent volontiers d'une nouvelle « hominisation », mais peut-on parler d'un nouvel humanisme ?

L'équivocité entre les termes « humanisme » et « transhumanisme », à tout le moins, peut être levée. Le transhumanisme n'est pas un humanisme plus avancé, mais le contraire d'un humanisme. Le transhumanisme ne vise pas l'*excellence* de l'espèce humaine, mais la *performance* indéfiniment exploitable des individus ; elle ne porte pas l'humanité plus loin ou plus haut, elle l'*augmente* de techniques, elle va au-delà de l'homme et même du surhomme, en visant, avec l'homme-machine, ce qui est autre chose qu'un homme ; le transhumanisme consacre ainsi pleinement la substitution de la fabrication à la création. Il invente, avec la production de l'augmentation de l'homme par l'homme, un processus techniquement et idéologiquement illimité, puisqu'aucune politique ne pourra, sauf à entraver gravement et publiquement les « droits humains », refuser d'augmenter la santé, la fécondité, la beauté, l'intelligence par transformation, sélection et réorganisation indéfinie du matériau humain. La conversion intégrale de la politique en technique est possible ; on reste bien, si l'on s'en tient à cette perspective, dans une société hyper-industrielle. Jusqu'à l'utopie d'une démocratie transhumaniste ?

Pourtant, l'humanisme moderne se fonde sur cette qualité spécifiquement humaine qu'est la perfectibilité. Et la perfectibilité est plus que l'inventivité. L'inventivité matérielle est certes nécessaire à la survie de l'espèce humaine : il lui faut se préserver du froid, du danger, de la maladie … Mais la perfectibilité inclut aussi les ressources de l'éthique et de l'esthétique dans cette invention continuelle de soi. Le progrès n'est pas identique au changement, il est un projet de sens pour une histoire universelle de l'humanité et en raison duquel on distinguera des régressions, des risques de barbarie ou des signes d'avancée vers un état meilleur. Un objet nouveau ne témoigne pas inévitablement d'un progrès, même s'il impose à une époque la marque de son « évolution » à la manière d'un destin collectivement subi. La perfectibilité, quant à elle, caractérise l'inachèvement qui est la marque de toute réalité humaine, dans laquelle le possible dépasse le réel et dont les potentialités resteraient inaccomplies sans leur reprise par un autre, une autre génération, une autre civilisation, une autre modalité d'action… L'anthropologie perfectibiliste des Modernes rapporte la politique à la morale sur le fond commun d'une solidarité originaire et finale du genre humain, condition vitale de survie et de développement.

Or une culture de la création est une perfectibilité collective en marche, un ensemble de potentialités à accomplir, l'invention de relations éthiques, esthétiques et symboliques au monde et à autrui, elle ne peut se réduire à un ensemble de conditionnements sociaux. Il ne suffit pas d'être le plus fort sur le terrain de la performance productiviste, il faut la force de résister à la résignation devant ce qui semble une irréversible course à la puissance, où les plus faibles ou les plus hésitants se soumettent aux mieux placés, les uns entraînant les autres dans une mobilisation sans fin. Une telle force de résistance ne peut provenir que de la richesse inépuisable de la réalité humaine elle-même. Elle est en devenir dans la société informationnelle, qui est un moment de l'aventure humaine, une étape de la connaissance de soi et de la création de soi de l'humanité. Une classe, une génération, une élite technocratique peut sans doute, à un moment donné du temps, imposer sa vision particulière de l'humanité pour justifier des pratiques de production particulières, mais il est tout à fait impossible de traiter l'humanité comme une société close et d'en achever le pouvoir d'être. L'espérance politique, qu'elle soit conservatrice, révolutionnaire ou réformiste ne peut exister que parce qu'aucun pouvoir, quel qu'il soit, n'est en mesure de s'approprier et de maîtriser l'autocréation continue de l'espèce humaine, ce qui est le génie spécifique de sa vitalité, à jamais immaitrisable. La puissance morale des religions, la solidité politique des empires, la ruse souverainement calculée des régimes totalitaires peuvent forger des moments durables et mémorables de l'histoire ; il est absolument impossible d'empêcher que la science, la littérature, la philosophie, du point de vue de la pensée ; la souffrance, la rage, le désespoir aussi bien que l'appétit de bonheur et la vanité de plaire, du côté de l'expérience, ne trouvent, un jour, les moyens symboliques d'une reconquête inventive des moyens de la violence, du discours ou de l'art. Si l'espèce humaine est condamnée à vivre de son inventivité propre, nul ne peut prétendre en arrêter le mouvement. Aussi, dans un temps où toute transcendance passe pour hétéronomie, c'est la créativité propre de la condition humaine qui se révèle le plus digne de foi et d'espérance pour envisager l'avenir. Quand bien même elle prétendrait réduire tout pouvoir à un conditionnement de masse, la civilisation de l'information ne saurait pourtant renier, sans se détruire, la vitalité créatrice qui alimente sa puissance.

Le succès du productivisme mondialisé tient, on l'a vu, à une croyance, celle dont il souhaite faire un cadrage cognitif universel : la croyance dans la souveraineté définitive du déterminisme technologique sur l'histoire humaine. Cette croyance n'est qu'une invitation à la résignation dès lors qu'elle représente l'histoire humaine comme s'achevant et s'épuisant elle-même dans l'avènement de la suprême puissance, qui réunit le savoir, la communication et la technologie dans une politique de contrôle mondialisé. Mais la réduction de la politique à une technique de fabrication et de contrôle ne peut rivaliser avec l'engendrement de soi par soi de la vie elle-même.

Si la création est appelée à devenir un schème d'action privilégié dans la société informationnelle, c'est peut-être que la politique n'est plus identifiable à un savoir certain (historique, religieux ou économique) dont on pourrait tirer mécaniquement la prospérité, la paix et le bonheur ; c'est, au contraire, telle est notre hypothèse, parce que la société d'information est assez lucide pour reconnaître qu'elle repose sur des imaginaires et des affrontements entre des imaginaires que la politique peut et doit devenir une politique de la création. Une autre anthropologie et une autre philosophie de la vie sont appelées à supplanter les représentations chosistes, objectivistes et technicistes de rêves de puissance qui ont été conçus dans le passé.

La création et l'imaginaire sont indissociables quand la réalité individuelle et la réalité collective vivent d'un mouvement commun d'autoréalisation. Quand la maturité propre à la société informationnelle consiste à comprendre que le besoin d'illusion, de fiction et d'une quasi auto-hallucination fait partie de la vie intellectuelle et affective des individus qui y participent et que leurs croyances se fabriquent, on ne peut prendre part à l'aventure qu'avec méfiance [1], de sorte que le savoir devient une expérience collective qui se forge par rectifications et recréations continues. La connaissance de soi comme autocréation de soi d'une société est aussi une forme de probité morale et intellectuelle.

CRÉER PLUTÔT QUE PRODUIRE

Le mythe de la communication sans entraves agit donc tout à la fois comme un imaginaire créateur et comme un imaginaire aliénant; c'est une utopie qui se nourrit de l'auto-illusion, voire de l'auto-intoxication de ses adeptes. Le smartphone ou la tablette sont devenus, pour un individu, aussi indispensables que les lunettes ou le mouchoir; chacun se sent justifié de porter partout avec soi, jusque dans la salle de bains ou la salle de concert, l'outil qui le connecte en permanence avec le flux des informations, utiles ou futiles. Nous sommes ainsi des aliénés volontaires, des asservis qui pensent trouver le bonheur dans l'addiction communicationnelle.

---

1. « Questionner la société numérique, c'est avoir prise sur elle pour résister à l'empire des technologies, s'arracher à la fascination qu'elles peuvent exercer, et commencer à participer à son édification », I. Compiègne, *La société numérique en question(s)*, Paris, Éditions Sciences humaines, 2011, p. 99.

Dans la société de communication, la richesse est faite de relations humaines, d'associations inventives entre les savoirs, de liens entre les énergies professionnelles, de nouvelles médiations entre les besoins et les services etc. Tout devient information, toute forme de vie doit se donner une réalité publique, une réalité vidéo-visible. Ce qui ne va pas sans dérives. Le mythe de la communication fonctionne comme une idéologie trompeuse quand l'impératif d'innovation est cause du conditionnement des esprits, du chantage à l'emploi, d'un nouvel asservissement des employés et d'une destruction non créatrice des conditions de la formation ; il sert alors de vecteur à un capitalisme informationnel qui développe primordialement la concurrence et le culte de la performance à tout prix. Il n'en demeure pas moins que le besoin de vitalité démocratique se transporte dans la capacité de communiquer. N'existe, n'est audible et publiquement « respectable » que ce qui est communicable. Guy Debord avait révélé combien le télévisuel imposait sa réalité comme plus authentique que le réel véritable sous l'empire d'une domination médiatique manipulatrice. Mais la demande du public a changé : elle n'est plus seulement d'être informé, mais de devenir informateur ; chacun veut *devenir communicable*, c'est-à-dire digne d'être dit et reconnu. Désormais identifiée à des significations échangeables, la réalité est ce qui se dit et se fait voir, elle est affaire de mots et de langages.

Voilà qui transforme entièrement les rapports entre la théorie et la pratique en politique. La philosophie moderne de l'émancipation confie à la raison, à la capacité qu'a la raison de s'abstraire de la réalité, le soin de forger les représentations capables de s'imposer à la réalité pour la rendre adéquate à l'idéal ; l'intellectuel est celui qui sait, le politique est celui qui fait, l'un et l'autre rationnellement instruits. Mais une tout autre idée de la *praxis* est requise quand l'action n'est pas l'application d'un savoir à l'expérience, n'est pas la copie d'une conception préformée, mais l'expérience d'une auto-reconstruction continue de soi d'une société qui, constamment menacée d'auto-aliénation, doit en permanence se ré-instituer. La rationalité communicationnelle pratique la connaissance de soi par un travail de désillusionnement continu, un désillusionnement créateur de crédibilité. La liberté ne peut plus résider dans un conformisme réussi, dans la simple adhésion à la « bonne » théorie et au « bon » parti, car elle ne se prouve qu'en se désaliénant, et la libération est création, autrement dit, conversion de l'énergie aliénée en une force de renouvellement. Destruction et création sont la vitalité d'une même vie, soit en phase de consommation passive de ses propres bienfaits, soit en phase d'auto-révolution et de retour à la force instituante, génératrice de nouveaux courages et de nouvelles intelligences pour se comprendre elle-même. L'intelligibilité des savoirs diffusés se ré-institue, se révise et se recrée en permanence. On peut parler, en ce sens, d'une auto-institution permanente d'une société en un sens que fait comprendre une simple analogie avec le langage. Le langage est une réalité à la fois héritée et inventive, traditionnelle et mutable, normée et normante, fidèle et rebelle, conformiste et poétique, toujours et en même temps passée et future[1]. Pour intégrer la société

1. C. Castoriadis, *L'institution imaginaire de la société, op. cit.*, p. 324.

informationnelle dans cette description, il faut la regarder comme une réalité qui ne se connaît que dans la récréation permanente d'elle-même, ses désillusionnements étant eux-mêmes ses ressources, et son passé la matière de l'invention de son avenir.

La création n'est pas uniquement un acte exceptionnel sorti d'une singularité géniale ; une telle vision, d'un romantisme naïf, empêche de comprendre la création comme ontogenèse, engendrement de soi par inventions successives. Or l'incapacité de penser adéquatement l'action empêche aussi de penser la création ; le plus souvent, le décideur est représenté comme un ingénieur ou un mathématicien, celui qui construit la réalité dans sa tête avant de conformer les faits à cette théorisation. Mais l'action véritable doit être resituée dans son cadre, qui est la vie et son imprévisibilité. L'individu vivant, la société politique réelle doivent inventer des solutions aux problèmes rencontrés, solutions nouvelles pour des situations nouvelles ; inventer n'est pas répéter, car les solutions déjà éprouvées doivent elles-mêmes être réinventées devant l'inconnu ; ainsi, tout homme dispose d'un langage, mais il lui faut inventer sans cesse son usage dans l'exercice de la parole, selon qu'il aime, qu'il accuse ou qu'il argumente ; comme la vie, la langue est un lieu d'inépuisables inventions symboliques, l'homme étant à ce titre un « animal poétique [1] » dont l'imagination ne cesse d'apporter des réponses aux problèmes rencontrés dans son histoire.

Pour penser la vitalité créatrice, il faut ressaisir le lien d'engendrement créatif qui associe la vie, l'individu,

---

1. C. Castoriadis, *L'institution imaginaire de la société*, *op. cit.*, p. 222.

la pensée et la société. Le concept d'*individuation*, tel qu'il est développé chez Gilbert Simondon, a la vertu particulière de savoir penser le devenir à partir du devenir lui-même et le mouvement à partir du mouvement. Le concept d'individuation regarde l'individu comme le lieu d'un flux continu de perceptions, d'affections, d'émotions. Ces passages sont vécus comme des tensions car ils provoquent des contradictions et des déstabilisations perceptives et affectives (le froid et le chaud, le rassurant et l'inquiétant, le familier et l'étrange…). En tant qu'il est habité par la vie, l'individu doit donc reconstruire en permanence son rapport au monde, il doit réduire la tension qui le déstabilise en créant une nouvelle stabilité, provisoire, de son état perceptif ou émotif. Sa perception et son affect trouvent alors une nouvelle place dans le champ sensible et affectif de son environnement. Il s'agit d'une nouvelle individuation ou nouvelle naissance. L'individuation ne se comprend que comme action permanente d'échanges à l'intérieur d'un milieu ; l'individu « individualise » les multiples potentialités de l'être dont il surgit, ce qui signifie qu'il en réalise une forme qui n'est autre que lui-même advenant. L'être s'accomplit ainsi par individuations successives ; ces individuations sont de degrés différents : physique (le cristal), biologique (les adaptations perceptives qui restructurent le monde du vivant en fonction du désirable, du dangereux..), psychologique (la construction de la personnalité…) ou sociologique. « Le vivant est un être qui se perpétue en exerçant une action résolvante sur le milieu ; il apporte avec lui des amorces de résolution parce qu'il est vivant ; mais quand il effectue ces résolutions, il les effectue à la limite de son être et par là continue l'individuation : cette individuation après l'individuation initiale est individualisante pour l'individu dans la mesure où elle est résolvante pour le milieu. Selon cette manière de voir l'individuation, une opération psychique définie serait une découverte de significations dans un ensemble de signaux, signification prolongeant l'individuation initiale de l'être, et ayant en ce sens rapport aussi bien à l'ensemble des objets extérieurs qu'à l'être lui-même » [1].Ainsi se trouve dépassé le mode de raisonnement monadique et dualiste qui empêche de penser le mouvement comme mouvement de la vie et comme accomplissement de l'Être lui-même ; l'individu y est à la fois un problème et une solution, il a le statut d'une naissance qui se perpétue. Parce que le mouvement d'individuation ou de création continuée ne sépare pas l'individu du mobile qui le meut, puisque ce mouvement est l'acte de se redonner naissance, une révolution s'impose dans la vision de la connaissance, de la réflexion et de la formation de soi. Une mutation épistémologique qui est indispensable pour comprendre la création symbolique.

APPRENDRE À DIRE, SURMONTER
L'EXCLUSION SYMBOLIQUE

La société informationnelle vit donc de la force sociale des symboles, dont elle a reconnu la puissance fédératrice en même temps que le pouvoir d'aliénation. La création symbolique est ainsi une action d'auto-construction en même temps que d'auto-désillusionnement quand le savoir devient une *praxis*, celle d'une transformation

1. G. Simondon, *L'individuation psychique et collective*, Paris, Aubier, 1989, p. 126.

continue de soi-même. Ainsi l'autonomie elle-même est appelée à devenir quelque chose de plus qu'une rationalisation personnelle et morale du comportement, une véritable construction individuelle et sociale de soi tout au long de la vie. Oser penser par soi-même définit désormais le courage de se savoir source d'autofiction et acteur d'auto-démystification tout à la fois, responsable d'un imaginaire lucide, alternativement créateur et décréateur de sens.

Par voie de conséquence, l'injustice se déplace, et elle est radicale quand elle provient, à la racine, de l'immense inégalité des capacités à saisir les codes et à procéder à l'expression communicable de soi, c'est là une inégalité que l'école ne suffit pas à réparer. Les maux qui frappent la société informationnelle, en effet, sont nombreux : l'exclusion symbolique, l'égalisation par l'inculture, l'isolement des individus pourtant soumis aux conformismes de la connexion forcée, les frustrations engendrées par les illusions communicationnelles insatisfaites, le déploiement d'une contre-culture communautariste et belliciste, le développement du ressentiment et d'une incivilité qui passe parfois, bizarrement, pour un civisme émancipé. Aux individus qui n'ont que l'émotion, l'indignation ou la haine pour recours mobilisateur manque le pouvoir de dire, de signifier, de raconter et de traduire le vécu en représentations, il manque la *construction symbolique du réel et la qualification symbolique des faits* qui donnent le pouvoir de collaborer au partage des significations collectives.

L'inégalité est au départ, quand les pédagogies n'apportent pas la force de connaître, mais l'illusion de savoir, pourvu que l'illusion soit partagée. Or l'échec scolaire ne se ramène pas à une performance ratée, c'est une impossibilité d'être vraiment soi et de participer à l'édification symbolique du social, déficit originaire qui marque une existence entière comme une fatalité. L'amalgame entretenu entre performance et excellence, entre technicité et éthicité contribue à perpétuer l'échec, lequel sera imputé, on s'en doute, à l'erreur de ne pas les confondre… Que l'enfant soit habile à se servir des nouvelles technologies signifie qu'il possède une compétence technique qui lui donnera les moyens d'écrire en langage électronique et de s'adapter aux machines qui seront ultérieurement inventées ; mais il n'en acquiert pas pour autant la capacité qui donne la possibilité d'échapper à la condition humaine culturelle telle qu'elle existe depuis ses origines : savoir se cultiver. Une illusion tenace des parents consiste à regarder la manipulation des smartphones ou tablettes comme une culture achevée, comme si le moyen culturel était devenu le but même de la culture. Cette illusion est redoutable pour le sort des enfants les moins favorisés, car la culture reste ce qu'elle a toujours été : la maîtrise d'un monde de symboles. Une langue est un ensemble de symboles, la connaissance scientifique est aussi un monde de symboles, comme l'est la connaissance littéraire aussi bien que celle des sciences humaines ; ces langues ont besoin d'un code d'accès symbolique que ne donne pas Internet, sauf à celui qui sait le lui demander, mais celui-là est déjà instruit de son langage codifié [1]. Et comme, la

---

1. « Par misère symbolique, j'entends la *perte d'individuation* qui résulte de la *perte de participation* à la *production des symboles*, ceux-ci désignant aussi bien les fruits de la vie intellective (concepts,

plupart du temps, nous croyons que les mots ne sont rien que le reflet des choses, l'illusion nous conduit à laisser patauger nos enfants dans une rusticité langagière que l'on prend pour une spontanéité créatrice.

Quand les défis qui se présentent aux jeunes générations réclament de puiser plus profondément dans leurs ressources intellectuelles, psychiques et morales, l'obsession productiviste de la performance qui s'installe dans la pédagogie détruit ce qui dispose à la création, car c'est l'aptitude qui est créatrice, et non la maîtrise, laquelle est un fruit de l'aptitude. L'illusion démocratique offre d'égaliser l'étendue et la maîtrise des savoirs, mais croire qu'une maîtrise définitive de l'usage des symboles est possible, c'est identifier le savoir à une somme de codes fermés, la culture personnelle à un patrimoine privé et la compétence à l'habileté d'exploiter des acquis; une vision entièrement instrumentale de la formation menace de faire de l'inculture généralisée un programme assuré de démocratie scolaire, et, au niveau de la recherche, d'imposer une gestion de contrôle de la production du savoir totalement stérilisante. Ainsi, pour parcourir l'axe de l'intelligence collective, nous explique-t-on, il faut passer du management des tâches à celui des procédures, puis à celui des projets, puis des résultats, puis des performances, puis de la pertinence globale pour aboutir enfin au sommet de la pyramide, à « la régulation des régulations » [1]. Mais cette bureaucratisation du savoir est un obstacle à la créativité personnelle et collective, car une aptitude ne se traite pas comme une chose, mais

idées, théorèmes, savoirs) que ceux de la vie sensible (arts, savoir-faire, mœurs) » écrit B. Stiegler dans *De la misère symbolique, op. cit.*, p. 25.

1. A. Bouvier, *Management et sciences cognitives*, « Que sais-je? », Paris, P.U.F., 2007, p. 118.

comme un devenir qui s'invente, et il est indispensable de traiter un talent, une disposition ou une aptitude *comme une vocation*, et non comme un résultat. Former n'est pas formater une aptitude, c'est la ramener, au contraire, à sa pleine indétermination, à sa capacité d'inventer face à l'imprévisible. Enseigner, répète-t-on régulièrement, réclame des moyens, toujours plus de moyens; pourtant, la puissance, éthique de l'acte de former a bien plutôt besoin d'être portée, tirée en avant, par sa finalité la plus spécifique, qui est de révéler un talent à lui-même.

Cette autorévélation de l'aptitude est ce qui dispose à la création, c'est une expérience intérieure dans laquelle la conscience se découvre en comprenant la signification qui la révèle à elle-même; il peut s'agir de la signification d'une œuvre, d'un axiome, d'un geste historique comme d'un fait ordinaire : le moment d'en saisir l'intelligibilité est tout à la fois une création ou recréation de leur sens et une création de soi. Régresser vers cet état de latence qui prépare à l'accueil d'une signification dans le but de réactiver l'acte de comprendre est l'acte créateur par excellence, parce que c'est agir par le sens, un sens qui donne naissance à la possibilité d'être. On peut dire, plus simplement, que c'est retrouver le moment où l'inspiration donne vie à l'intellect; or c'est là une modalité du comprendre qui échappe totalement aux schèmes de la domination et de la production.

Une analogie avec la psychanalyse fait mieux comprendre le lien très intime qui associe la capacité d'agir à la capacité de symboliser. Pour comprendre que la création agit par inspiration, le mode de penser symbolique doit se substituer au mode de penser chosiste et causaliste. Le chosisme a consisté, en son temps, à faire de l'inconscient une réalité plus réelle que l'expérience consciente elle-même. Si, comme le disait Alain, l'inconscient est « un autre moi » absolument inconnaissable, alors chacun est condamné à vivre comme amputé de sa propre vérité, à se regarder à tout jamais comme un auteur psychiquement clandestin de son action et de ses engagements, ignorant les vrais mobiles qui le poussent (on a pu dire, naguère, que Descartes a eu l'idée du *Cogito* parce qu'il a été sevré trop tôt ou que les partis politiques sont des clans d'homosexuels qui s'ignorent...) Cette arrogance doctrinale insensible au ridicule montre que le chosisme s'appuie sur une conception étroitement causaliste et physicaliste de la science et sur une conception de la politique qui réduit le pouvoir à la domination des forts (ceux qui savent) sur les faibles (les ignorants). Le causalisme a ainsi pour effet de diminuer, sinon de priver l'homme du savoir de l'humain que monopolisent les sciences humaines, au lieu de l'augmenter de ses propres potentialités inconscientes. Les limites du causalisme sont pourtant reconnues : si l'on me dit que mon héritage biologique et psychique agit *à ma place*, cette assertion me condamne à l'impuissance au lieu de me procurer une intelligibilité plus grande de moi-même. Que faire d'un inconscient qui ne me parle pas si c'est un pur mécanisme, comme le fait de respirer et digérer ? En vérité, mon inconscient m'intéresse en tant qu'il est moi-même, et que je peux le comprendre comme une partie de mon destin ; il est constitué de symboles qui ne parlent que dans un langage déguisé mais qu'il est possible de décrypter, leur compréhension opérant comme une découverte ou redécouverte de soi-même[1] ;

1. « Les vrais symboles découvrent le procès de la conscience de soi : déguiser, dévoiler ; cacher, montrer ; ces deux fonctions ne sont plus du tout extérieures l'une à l'autre ; elles expriment les deux

ce que je comprends des sédimentations involontaires venues de l'enfance, c'est ce qui me donne une prise sur mon destin, ce que je peux transformer en une histoire, mon histoire.

Il en va de même pour ce que chacun ignore du savoir détenu par les autres. Il lui faut en réinventer le sens pour accéder à sa compréhension, car c'est l'intelligence de sa signification qui lui donnera le pouvoir d'occuper une place à son tour et de jouer un rôle dans les échanges sociaux. Parce que le réel est objet d'interprétation, l'esprit créateur le perçoit comme un ensemble de possibles qui ne sont jamais épuisés par leur actualité. Pour apprendre, se cultiver, se former, il faut régresser en-deçà des savoirs et des certitudes hérités, retrouver la fluidité, la réceptivité, l'indétermination qui dispose à la compréhension, le questionnement qui rénove l'attente, l'émotion culturelle qui ressaisit la puissance de faire sens. Le propre de l'esprit créateur est de se réinventer en comprenant, il n'accumule pas les savoirs mais ressuscite l'inspiration qui les a engendrés ; sa culture n'est pas un bien privé, mais une histoire qui écrit sa découverte du monde, inachevable. L'inégalité face au pouvoir symbolique est ici la plus grande, car l'école n'enseigne pas (officiellement) cette aptitude à la réceptivité créatrice. En revanche, chaque enfant la cultive quand il joue, car le jeu possède un sens esthétique aussi bien qu'existentiel et social. Le jeu est une aptitude artiste qui consiste à jouir des apparences sans jamais les prendre pour la réalité

faces d'une unique fonction symbolique. C'est le symbole qui, par sa surdétermination, réalise l'identité concrète entre la progression des figures de l'esprit et la régression vers les signifiants-clés de l'inconscient. », P. Ricœur, *De l'interprétation*, Paris, Points-Seuil, 1965, p. 519.

(ainsi, selon, Schiller, « l'homme n'est tout à fait homme
que là où il joue »). L'enfant qui joue au chef sait qu'il
n'est pas un chef, mais un semblant de chef, et il jouit
de cette fiction comme d'une magie autorisée. Il perçoit
alors les rapports interhumains comme des relations qui
travaillent entièrement sur des signes, sans confondre
l'image et la réalité, mais en comprenant que la réalité
elle-même est faite par les signes qui la construisent et
qui la changent. La virtualisation du réel qui se fait ainsi
dans le jeu, tout comme au théâtre, multiplie l'expérience
de la vie, et apprend à penser le monde à partir des
interprétations qui en font le sens. Alors la culture n'est
pas un ornement, mais une puissance de vie.

LA CRÉATION, UNE CULTURE PERSONNELLE ET SOCIALE

La disposition à la création est non seulement
psychique, esthétique et morale, mais encore libérale
et sociale. Elle est psychique, en tant que mobilisation
librement volontaire. Être créateur, c'est se rendre soi-
même fécond. Alors que le producteur tient une place
dans une chaîne, le créateur tire de soi les ressources
de sa propre fécondité. Un choc, une mutation, une
catastrophe obligent à reconfigurer ses capacités, à
réactiver la connaissance de soi qui fait émerger l'inconnu, à convertir les réserves dormantes en nouveaux
potentiels, à réinventer son identité propre. Le créateur
vit psychiquement de son propre fonds quand il tire
de l'interprétation de soi l'inspiration qui lui permet
de déplacer les limites des certitudes passées. Il s'augmente de l'activation de ses propres réserves et de ses
rectifications, faisant du perfectionnement de soi une
réinvention de soi. La création n'est pas un acte rare

et magique, mais une culture de soi et une culture de l'action qui s'entretiennent.

L'intelligence ne suffit pas à faire un créateur car elle s'adapte spontanément aux fonctionnalités et aux préjugés d'une époque, elle les tient pour acquis et, cherchant le succès dans l'imitation de ce qui réussit, s'asservit à l'efficacité. Comme elle ne comprend qu'en analysant et donc en divisant, elle sépare intérieurement l'individu entre le logique et le vécu, la raison et le sentiment, l'abstraction et le désir, comme si le plaisir était plus fort quand il est fruste et l'intelligence plus souveraine quand elle est insensible. L'intelligence contribue à bâtir une idée fausse du dépassement de soi qu'elle assimile à une négation de la vie sensible et affective, elle assoit le règne des lois sur la peur, le conformisme et la contrainte, elle ignore les réserves que l'imagination retire de ses contacts avec la variété du monde. La création, au contraire, donne de la civilisation une idée qui ne réduit pas les facultés humaines à des emplois conformes à des fonctions, mais qui les porte à leur plénitude. Créer, c'est unir l'intelligence et la sensibilité au plus haut degré de leur activation respective ; il ne s'agit ni de simplement jouir ni de simplement penser ; ni d'exalter la singularité ni de la nier, mais de les tourner ensemble vers la réalité ; la création sort ainsi la sensibilité de la passivité et de l'inertie pour en faire l'aptitude à dévoiler la multiplicité et l'inexhaustivité du réel, augmenté des inventions humaines, car la création veut donner naissance à des formes de plaisir et de bonheur qui soient libres et qui nous apparaissent comme les fruits de la liberté ; non pas issues de la force de la nécessité et du besoin, mais nées du goût, des valeurs et des idéaux d'une civilisation.

La création est possible à celui qui se délivre des habitudes qui bornent le travail, le langage et l'action à des opérations utiles et reproductibles (maîtriser la matière, commander les hommes, échanger des biens selon des mesures stabilisées) ; l'inventeur a une tout autre intuition de la réalité, qu'il saisit comme un pur mouvement, une suite de purs possibles, une succession de passages qui s'inventent les uns à partir des autres, un flux plus proche de la mobilité de l'esprit que des pesanteurs de la matière, une mobilité faite d'imprévisibles nouveautés ; la création de l'inventeur, de l'artiste, du héros ou du prophète coïncide avec la dynamique cosmique qui est celle de la Vie elle-même, de l'élan vital exclusivement mu par sa propre recréation, par sa propre renaissance [1]. Le créateur pense par intuition, cela veut dire qu'il invente à la fois une réalité et son modèle dans une même illumination ; la réalité à laquelle il donne le jour n'est pas abstraitement séparée de sa possibilité, elle n'est pas l'« application » d'une idée, mais un original incarné ; la création renverse la logique des prévisions ordinaires : alors que l'on s'attend, quand on raisonne de manière productiviste, à ce qu'une possibilité s'accomplisse en une réalité, c'est l'inverse qui a lieu dans la création, laquelle engendre sa propre possibilité, une possibilité qui n'existe pas en dehors d'elle, à la fois idée et réalité, suscitant des imitateurs.

Le schème de l'action créatrice est à la fois libéral et social, le propre de la fécondité étant d'engendrer la fécondité. La création véritable ne produit pas des créatures, elle crée des créateurs [2]. A l'évidence, la plus

1. Bergson, *La pensée et le mouvant*, Paris, P.U.F., 1966, p. 28.
2. Bergson, *Les deux sources de la morale et de la religion*, Paris, P.U.F., 1932.

haute finalité d'un professeur de musique ou de théâtre est de former des créateurs, c'est-à-dire des interprètes qui recréent l'inspiration d'une œuvre. Il en va de même pour tout apprentissage, dont l'aboutissement le plus réussi fait éclore un talent novateur. Une entreprise peut-elle être dite « créatrice » dans le même sens ? L'avenir devrait rendre, semble-t-il, cette vocation indispensable, un impératif de « convivialité »[1] exigeant d'en finir avec un consumérisme abêtissant et ravageur, une option jugée indispensable pour affronter les périls écologiques et humanitaires à venir. Un outil convivial ne se substitue pas à l'homme, n'élimine pas l'homme, n'amoindrit pas ses capacités d'assumer sa subsistance et de préparer lui-même son avenir, il restaure au contraire la puissance humaine d'agir en l'accompagnant. Aussi n'est-il pas absurde de penser que la dimension existentielle ajoutée par la communication à la production de biens et de services peut transformer la consommation en pratiques culturelles, la différence étant de faire émerger des comportements créatifs au lieu de comportements répétitifs. Dès lors que ce n'est pas l'accumulation des biens, mais leur usage qui crée une satisfaction valorisante, l'hygiène, la santé, l'instruction, l'art, le vêtement, l'habitat, le loisir… sont les supports de reprises inventives pour des consommateurs devenant acteurs de discernement, de goût, d'intelligence, de sens critique, d'auto-éducation… Une vision sommaire réduit la satisfaction à une simple consommation-destruction d'objets ; mais le désir naturel, on le sait, se sublime en se portant sur la *signification*, sociale, morale ou spirituelle de l'action de désirer, la motivation agissant alors par

---

1. I. Illich, *La convivialité*, Paris, Points-Seuil, 1973.

le sens qu'elle donne à un but. On sait également que l'utilitarisme aussi bien que le matérialisme s'emploient à populariser, au nom d'un réalisme simplificateur, la vision d'une vie collective définitivement soumise à un unique désir, celui de posséder (plutôt libéral-individualiste) ou celui de dominer (plutôt social-étatique). Ces soupçons ont certes l'avantage d'aiguiser l'esprit critique, mais ils ont le tort d'empêcher de comprendre la complication communicationnelle de l'appétit de vivre en société. Une culture de la création, en effet, dés-instrumentalise le rapport à l'action et dé-chosifie le rapport aux objets ; ainsi, la santé ou l'instruction ne se présentent pas comme des produits, mais comme des finalités à cultiver ; les acteurs ont conscience de participer à un monde où les significations déterminent les raisons des décisions : elles sont humanitaires quand il s'agit de conflits, écologiques quand il s'agit de production, consensuelles quand il s'agit de justice, empathiques quand il s'agit de douleur ; ces sensibilisations sont à la fois une conséquence de la communication globalisée et le commencement d'un monde qu'elles voudraient faire naître. Une culture de la création correspond à une société mue, à partir d'elle-même, par la sublimation ; la sublimation contrarie le conditionnement, le conditionnement personnel ne faisant qu'augmenter l'entropie sociale par quoi une société se borne à la simple reproduction d'elle-même ; la sublimation, au contraire, est une réponse imprévue à une situation imprévisible [1], une transformation du désir « avec l'aide des plus hautes instances spirituelles

1. « Parmi les réactions de défense qui poussent les agressés à rebondir, la créativité constitue un très bel outil qui les invite à participer à l'aventure culturelle. », B. Cyrulnik, *Un merveilleux malheur*, Paris, Odile Jacob, p. 191.

de l'homme »[1], une esthétisation des dispositions affectives[2], une activation personnelle de potentialités sociales[3] selon le point de vue, individuel et psychique, social et économique, moral et culturel, auquel on se place. Mais elle ne peut s'exploiter comme une recette, elle est une mentalité, une forme d'esprit, un style de vie sociale qui ne s'atteint que par renoncement aux manières chosistes, causalistes et technicistes de penser. Une culture de la création agit par inspiration plus que par application, elle excède les limites techniques et monadiques d'une culture du résultat et de l'efficacité. Ainsi, par exemple, le travail en équipe peut être favorisé pour des raisons d'efficacité (économie d'échelle, bureaucratie allégée, cohérence plus grande d'un projet, rapidité d'exécution…), la motivation créatrice donnera l'essor, pour sa part, à l'interfécondité des acteurs comme le commencement d'une collectivité durable, semblable à un organisme vivant. De même, l'initiative personnelle est sollicitée dans le cadre professionnel pour des raisons d'efficacité, car la responsabilisation, l'originalité, la prise de risques augmentent la performance, mais la motivation créatrice éveillera, pour sa part, au-delà de l'amour de soi, un appel à être plus que soi, à se rendre soi-même plus grand que soi. Il est étrange de devoir constater que le réalisme se borne à un minimalisme

1. Freud, *Cinq leçons sur la psychanalyse*, trad. Y. Le Lay, Paris, Payot, 1965, p. 20.

2. « L'œuvre d'art ne se borne pas à exhiber l'objet du désir (…) Le sourire véritable, que l'on chercherait vainement, n'est pas en arrière, dans quelque événement réel susceptible de revivre ; il est en avant, sur le tableau peint », P. Ricœur, Écrits et conférences 1, « Autour de la psychanalyse ». Paris, Seuil, 2008, p. 254.

3. « Imaginaire social chaque fois particularisé », C. Castoriadis, *Les carrefours du labyrinthe*, 3, Paris, Points-Seuil, 1990, p. 139.

quand il réduit toute ambition à un calcul de gains et d'opportunités, comme si les motivations de l'avare ou du thésauriseur formaient un modèle économique exemplaire... Il semble tout aussi réaliste de prendre en compte la force mobilisatrice qu'est la loyauté, le dépassement de soi, le mépris de la médiocrité, le désir de dévoiler une solidarité collective etc. autant de motivations capables de convertir en volonté positive d'action des passions très humaines comme l'envie, le ressentiment, l'arrogance, la violence... Alors que l'efficacité ramène l'action à une fonction qu'il s'agit d'accomplir avec exactitude, la créativité agit, quant à elle, par un surplus de sens, par une inspiration libre, dans une visée de plénitude qui outrepasse l'utile; il pourrait en être ainsi de la démocratie qui ferait d'une sublimation continue le programme moral de sa recréation politique périodique[1].

---

1. « La sublimation, pourrait-on dire, c'est la fonction symbolique elle-même, en tant que coïncident en elle le dévoilement et le déguisement », P. Ricœur, *De l'interprétation, op. cit.*. p. 519.

DE LA DÉMOCRATIE D'OPINION
À LA DÉMOCRATIE DE RÉFLEXION

La société d'information cultive le mythe d'une auto-institution permanente, un mythe qui alimente la démagogie en même temps qu'il engage un nouvel avenir de la démocratie. Agir sur la réalité, c'est agir sur les représentations du réel qui sont élaborées par les acteurs, décideurs, entrepreneurs, contrôleurs, formateurs, censeurs, transmetteurs... Ainsi sont formés et coachés les dirigeants, responsables et acteurs publics : ils apprennent à configurer les représentations qui les valorisent professionnellement, à structurer celles qui les mobilisent psychiquement et à magnifier celles qui les crédibilisent publiquement. Du côté des assujettis aux discours d'autrui, le rêve de contrarier leur pouvoir aussi bien que l'appétit d'y participer impulse des actions en réseaux à la manière d'une démocratisation magique mais souvent illusoire de l'outil informatique.

LE BESOIN DE VISION

La réactivité menace de devenir un mode piégé de « démocratie directe ». Réactivité émotionnelle, abrupte, délirante, sommaire, vindicative ou perverse etc., chacun veut croire qu'il sera entendu. A ces appels hyper-individuels de vécu réactif, l'autorité publique ne répond guère que par des thérapies d'urgence, à coups de témoignages d'experts, une manière de contrecarrer le pouvoir émotionnel des signes de souffrance par le pouvoir consolateur des signes d'un savoir souverain. Mais la démocratie y perd son besoin de vision et même de visionnaires. Une vision ouvre un horizon transpolitique qui donne du mouvement pour avancer (vers une humanité accomplie, le bonheur pour nos descendants, l'harmonie entre l'homme et le monde, l'élévation de la conscience morale, l'avènement de la paix…), et qui offre une solidarité culturelle aux citoyens d'un même mode de vie politique. Une vision est une conscience de soi créatrice d'énergie collective.

La démocratie sait pourtant se vivre en régime de finitude ; son inachèvement accepté donne l'élan pour se projeter plus loin, plus haut, en visant une vérité et une justice qui seront toujours au-delà de l'effort, jamais acquises, jamais possédées. Sa grandeur est, d'une certaine façon, de se sentir menacée, et menacée d'abord par elle-même, sentiment inspirant une prudence qui est à la fois une politique et une morale. Or l'hypermédiatisation, on le sait, perturbe cette culture démocratique apte à vivre une quête interminable d'accomplissement de soi. Pour une part, l'hypermédiatisation favorise exagérément la réactivité, et, avec elle, la composante tant reprochée à la démocratie : vivre des passions nées du ressentiment. Pour une autre part, la dématérialisation des échanges se prête effectivement à une culture de la création. Mais cet aspect des choses ne peut être abordé qu'avec la plus grande circonspection et une extrême modestie.

La tentation d'hyper-démocratie populiste, le fait est connu, exploite le communautarisme de réseaux capteurs d'appétits fusionnels, d'identitarismes fondus dans les mêmes haines, s'octroyant un pouvoir moral absolu d'identifier leur ressentiment à un droit illimité d'user de toutes les violences et de la répression comme d'un moyen public incontournable de structurer une communauté de croyances. Le moralisme sert de prétexte à la mainmise de sectarismes religieux ou nationalistes sur le pouvoir de tous les pouvoirs que serait devenu le pouvoir de communiquer. Une guerre des symboles en constitue le matériau virtuel, selon des flux qui soulèvent une multiplicité incontrôlable de réactions numérisées, sans ordre et sans direction, une matière malléable peu maîtrisable, réactive à des mobilisations aussi radicales que destructrices, inspirées par un indifférentisme à la fois postmoderne et antimoderne ; Internet déçoit ainsi les vœux de fraternité universelle en exaltant les doctrinarismes de communautés rivales, qui accentuent la divergence des intérêts et des croyances et entretiennent la haine entre les appartenances.

Par contraste, la symbolique aseptisée des négociations et des transactions bénéficie spectaculairement du rejet instinctif des totalitarismes identitaires ; la mondialisation se confond sans peine avec une homogénéisation culturelle jugée inévitable, irrésistible mais finalement profitable au plus grand nombre. Le recul de la souveraineté des États et l'effacement des frontières implique le recul des langues nationales et des cultures régionales au profit d'une seule langue, elle-même dénaturée, un anglais brassé dans tous les idiomes et modulé selon tous les accents. S'impose comme dominant le besoin d'un savoir-faire incontournable, la langue des logiciels, le format du *powerpoint*, l'art du téléchargement et la technique du SMS : or un tel savoir n'a besoin ni d'éthique, ni de culture savante, ni d'une quelconque spiritualité ; ainsi l'art du management s'impose comme une nouvelle gouvernementalité ; il y a un management des œuvres d'art, des associations bénévoles comme il y a un management des universités et des entreprises et un management de l'éthique.

Le moralisme de la transparence, pour sa part, est assez habile pour joindre un souci de crédibilité d'essence démocratique à un appétit de contrôle total de la part des foules. Il jette d'abord le doute sur le rôle de la communication : les médias forment-ils un contre-pouvoir, un soutien du pouvoir (collusion d'intérêts) ou bien un superpouvoir (homogénéisation des émotions et simplification des opinions) ? Quand la transparence est exploitée comme instrument de suspicion généralisée, elle encourage la haine de la démocratie. Au lieu de moraliser la vie politique, la transparence, si elle est pratiquée comme déballage, démoralise (« tous pourris ») ; même chose si la transparence est vécue comme lynchage médiatique : au lieu de mobiliser l'opinion, elle la démobilise (par l'écœurement) ; et la transparence finit par légitimer le règne de l'hypocrisie (ma transparence me cache dans le « politiquement correct »). Elle fait alors de la défiance réciproque un obstacle à toute confiance mutuelle possible.

CRÉDIBILITÉ CONTRE CRÉDULITÉ

Toutes ces menaces apparues avec la démocratisation numérique sont connues et fort bien analysées. On n'en retiendra qu'un aspect, parce qu'il réclame une réaction démocratique au risque de déficit démocratique : l'inculture engendrée par la réactivité informationnelle. La démocratie se trouve, en quelque sorte, privée d'une « culture générale » capable de rallier les citoyens à une vision commune de leur destin politiquement et historiquement démocratique. La réactivité pratiquée en boucle provoque la simplification et l'élémentarisation des arguments et le dépérissement des capacités symboliques. Le mépris des élites, l'anti-intellectualisme croient parler au nom de la vie alors qu'ils la réduisent à ses expressions les plus sommaires : le conformisme émotionnel, l'alignement sur les pensées les plus communes, l'interdiction de se distinguer sont les formes actives du mépris de la culture. Sous le régime de la communication numérisable, la simplification est une maladie mortelle de la politique, car elle participe, elle aussi, de la tromperie « communicationnelle », celle qui consiste à faire du simplisme un cadre narratif utile à formater les interprétations populaires.

Dans l'incertitude du lendemain et l'impuissance face aux crises, les schémas traditionnels ne produisent que de la politique défensive. Les prises de parti n'expriment plus que des partis pris au sens d'opinions politiques privées. Les susceptibilités partisanes lassent l'opinion alors que grandit le besoin de vitalité personnelle en même temps que le besoin d'énergie collective. L'exclusion réciproque des opinions empêche l'avènement d'une culture de la lutte créatrice, non pas celle qui réduit l'adversaire à une unique posture, mais celle qui provoque une fécondation réciproque des manières de construire l'énoncé d'un problème : dans une culture de l'interlocution, avoir un adversaire oblige à ressourcer ses propres convictions pour retrouver une fluidité conceptuelle inventive d'arguments.

C'est dans ce contexte que la critique de soi peut redevenir un ressourcement créateur de culture démocratique. Les réponses simplement techniques ne suffisent plus. On peut avancer, par exemple, qu'une augmentation du nombre des policiers réduira vraisemblablement le nombre de délinquants ; mais la démocratie réclame aujourd'hui la possibilité de s'entendre sur le sens des mots comme « délinquant », « mérite », « modernisation », « épanouissement »… Il y a grand besoin d'une solidarité langagière recréatrice de vie publique.

Est en jeu la responsabilité du sens dont se nourrissent les penseurs et les décideurs, et dont la mesure n'est pas le bonheur individuel quotidien, mais la réflexion collective suscitée par les mutations qui affectent le monde. Maîtriser la complexité des liens entre la science, l'économie, la politique et la culture (dont l'inculture est aussi un mode) définit un nouvel intérêt général, qui est planétaire, qu'aucune transcendance n'institue, mais qui se découvre au gré des interprétations données à leurs combinaisons probables ou possibles. Chaque spécialisation professionnelle atteint un très haut degré de technicité scientifique indispensable à sa créativité propre, mais qui fractionne l'espace public ; le spécialiste des marchés financiers ignore les modalités de l'engagement militaire sur le théâtre des opérations extérieures, le linguiste ignore les nouvelles capacités de lutte contre le cancer et les jurys de prix littéraires n'ont pas à connaître les mutations récentes du code du travail etc. Pourtant, la géographie, la médecine, la recherche en sciences sociales, la stratégie militaire, la technologie informatique, la création esthétique ... sont également créatrices de sens et de finalités dans une civilisation dite « du savoir », et elles sont également sources de la crédibilité indispensable à la confiance morale publique qui nourrit la vitalité politique de la démocratie.

La citoyenneté, elle aussi, grandit et mûrit, les citoyens n'étant plus seulement les membres d'un régime, mais des parties prenantes de la culture démocratique en évolution. Alors que le régime d'opinion les borne à la réception passive de messages à classer conformément à l'organisation des combats partisans, les citoyens ont besoin de se former en s'informant, ce qui est la condition d'accès à la réalité telle qu'elle est : forgée par les liens d'interdépendance événementielle, scientifique et économique des savoirs. Le citoyen doit s'abreuver directement aux sources de la création symbolique des finalités qui organisent ou désorganisent ses conditions de vie. Il s'agit, pour lui de participer à l'institution collective du sens, ce qui ne signifie pas prendre part aux créations scientifiques spécialisées, mais contribuer à l'énonciation et au partage des significations communes qu'elles engagent dans l'espace public. Une démocratie assez instruite pour être réflexive se nourrit d'une nouvelle éthique de responsabilité gouvernée par un impératif d'intelligibilité : « *je suis ce que l'autre comprend de moi* ». L'autorité, qu'elle soit politique, pédagogique, scientifique, juridique…, n'est pas récusée, mais déplacée ; ce n'est plus tant le savoir qui fait autorité que la *compréhension* qu'il inspire ; il ne suffit pas de savoir, il faut faire comprendre le savoir, le rendre digestible, métabolisable, mobilisable par un autre ; la compréhension fait passer un savoir d'un esprit à un autre esprit, et c'est un acte de confiance dans l'avenir du savoir que l'on transmet. Aussi les citoyens sont-ils la condition de possibilité et d'éthicité de *la communicabilité des savoirs*, le destinataire (le public, le client, l'étudiant, le patient…) étant ce qui légitime l'action née de la parole et de l'argumentation. Les professionnels (médecins, avocats, professeurs, entrepreneurs, inventeurs…) ne sont pas simplement des experts cantonnés dans un service, ils ont à devenir des acteurs de la vie publique, et leur action doit pouvoir être reçue comme un bien commun qui fait partie de la culture collective, instruite, fondée sur la réflexion plus que sur l'opinion.

La compréhension mutuelle devient ainsi la condition mentale et morale d'une culture démocratique en mesure d'inspirer, d'anticiper, de préserver et de régénérer le régime démocratique. Dès lors que les « manipulateurs de symboles » sont les sources de la fabrication et de la gestion des richesses, la démocratie sait qu'elle abrite des illusionnistes autant que des artistes, des sophistes en même temps que des philosophes et des savants, que l'inventivité du génie cohabite avec la contrefaçon ; elle sait que la haine se réclame de la justice, que l'égoïsme impose son droit à l'originalité, que les séparatismes se moquent de la pluralité, que la domination a le masque de la protection… La démocratie a besoin de théologiens pour affirmer que le divin s'accorde avec les principes les plus sublimes de l'éthique humaine et qu'il est impossible d'en fonder l'idée sur la haine de l'homme ; elle a besoin de diplomates et de chefs militaires parce qu'un État n'existe pas pour soi mais par les autres, et qu'un principe de réalité lui est indispensable pour comprendre la place qu'il joue dans le monde ; elle a besoin de grands entrepreneurs pour connaître la concurrence et la balance entre les chances et les risques des investissements ; elle a besoin d'associations de travailleurs pour connaître la valeur de la peine, le but de l'effort et le prix de la liberté ; elle a besoin de rigueur pour se préserver des narcissismes individuels ou corporatistes, et de générosité pour allier la richesse à la solidarité, les risques à la résilience collective, l'égalité de tous à la grandeur de chacun, la création éthique à l'invention technique…

On peut parler d'individuation collective ou de dépassement du dialogue par l'interlocution pour signifier l'ontogenèse d'une réalité commune *dans* les individus ou de la fondation originaire de l'individualité dans la relation. Les pratiques de la négociation ne suffisent pas à rendre compte d'une ontologie qui dépasse tout équilibre contractuel, d'une culture qui se construit comme une histoire, s'autofécondant par la transformation critique de soi ; le citoyen y participe par sa propre historicité symbolique, sa capacité à s'augmenter lui-même de l'unité élaborée par l'intelligence et l'affect ; l'individuation est le sentiment de se structurer soi-même dans l'activation des significations collectives ; dans la culture démocratique, les citoyens n'existent pas simplement l'un *à côté* de l'autre, mais l'un *par* l'autre.

TABLE DES MATIÈRES